JN025103

ライフデザイン白書 2024

ウェルビーイングを実現するライフデザイン

データ 全国1万人アンケート **＋** **事例** フィールド調査 が導く**最強の幸せ戦略**

著 第一生命経済研究所

3つの人生資産

バランスは人それぞれ

健康　お金　つながり

東洋経済新報社

　この数年間、私たちはそれまでとは異なる大きな変化を目のあたりにして
きました。新型コロナウイルスのパンデミック、大国による侵略戦争の発
生、世界的なインフレと金融政策の転換、見直されるグローバリゼーショ
ン、テクノロジーの大進化などです。

　コロナ禍や戦争は、世界規模での効率的で自由な移動・調達や人間特有の
共食（集まって飲食する）を大きく制限した一方で、新しいデジタル技術は、
かつては不可能だった遠くの家族や友人とのコミュニケーションを可能に
し、働く場所や通勤の制限を取り払いもしてきました。また劇的な進化を遂
げつつあるAIは、人々の生活や仕事に大きな変化をもたらしていくものと予
想されます。こうした新たな時代の下で、人々の価値観やライフデザインは
どのように変わっていくのでしょうか。

　第一生命経済研究所は、第一生命グループのシンクタンクとして1997年4
月に設立され、先行して設立されていた生活関連のシンクタンク、ライフデ
ザイン研究所（1988年9月設立）と2002年10月に合併し、現在に至るまで
生活と経済、ミクロとマクロを共にカバーするユニークなシンクタンクとし
て活動しています。

　本書「ライフデザイン白書」は、1995年から定期的に全国アンケートを実
施し、生活満足度とライフデザインを追跡しながら白書として出版してきた
もので、本書で第12号となります。

　本書では、2020年版、2022年版の白書で追求してきた「幸せ戦略」のあ
り方を、「ウェルビーイング（well-being）」の実現に向けたライフデザイン
のありようとして捉えなおし、「健康」「お金」「つながり」の3つの人生資産
の各側面で具体的なデータや事例を引用しながら、新たなライフデザインの
ヒントを探ります。

　ウェルビーイングは日本語に訳しにくい概念ですが、WHOや厚生労働省
によれば「個人の権利や自己実現が保障され、身体的、精神的、社会的に良
好な状態にあること」とされています。ウェルビーイングを構成する要素に
は、キャリア・ソーシャル・ファイナンシャル・フィジカル・コミュニティ

などが挙げられますが（ギャラップ社）、本書では、2020年版の白書で提言した3つの人生資産、「健康」「お金」「つながり」をベースに、「健康状態・意識」「健康づくり」「家計と資産」「働き方」「交友関係、社会とのつながり」「コミュニティ、地域」の6つのカテゴリーで、ウェルビーイングの実現に向けた実践的な行動を探ります。

　たとえば、「健康」については、主観的な健康が大事だが、それには何が求められるのか、また、もし健康を害した場合にはどう対応すればよいのか。「お金」であれば、どういう意識をもって何のために使い、備えるのがよいか、消費や投資に際しどういう視点をもつとよいのか。これからの働き方においては、キャリアやリスキリングがどういう意味をもつのか。さらに「つながり」については、人々はどのようにしてつながりを再生しようとしているのか、など、具体的な事例も交えながら情報を提示します。

　それぞれの章に共通するキーワードは、「自分がどう感じるか」という「主観」の重要性です。これは、他者に共感しない独り善がりな主観ではなく、一人ひとりの感じ方、考え方に立脚した個々の主観的な満足感、前向き感を指します。主観的な満足感は、ウェルビーイングを実現するライフデザインでキーになるものではないかと思います。また、ウェルビーイングは自ら積極的に実現しようという意識が大事で、受け身の姿勢では実現できない、ということも重要なポイントです。

　この100年間、人間は技術活用により生産活動の自動化、機械化を徹底的に追求してきました。これは、経済的発展、利便性の向上を実現する一方で、格差の拡大、気候変動などのマイナスももたらしてきました。今後は、社会の持続可能性向上のためにも、個人と社会、人とテクノロジー、人と自然が自律的に調和する社会の実現が重要になります。そこでは、自分がありたいと思う生き方を自分の価値基準で決めて実現し、一人ひとりが幸せな状態を享受していく、まさにウェルビーイングを実現するライフデザインの時代になるはずです。

　本書が皆さんの新しいライフデザインの手助けになれば幸いです。

株式会社 第一生命経済研究所

代表取締役社長　寺本 秀雄

ウェルビーイングを実現するライフデザイン　目次

第2部　お金

第3章　家計と資産　68

第4章 働き方 127

第3部 つながり

第5章 交友関係、社会とのつながり 162

序章 幸福（ウェルビーイング）とは何か

ハピネスを感じ続ける行動を自ら起こす

　最近、新聞や雑誌で「ウェルビーイング」という言葉をよく見かけるようになりました。ウェルビーイングとは、その人が「幸せで満ち足りた状態」を指します。これは、健康やお金、働き方、人とのつながりなど、生活の様々な要素から成り立ちます。各要素のうち何が重要で、どこが充実していると「幸せで満ち足りた状態」と感じるかは、人それぞれです。そして、日々の生活や体験から生まれる喜びや楽しみ、いわゆる「ハピネス」を常に感じることにより、持続的な幸福感を得る状態でもあります。このように、ウェルビーイングは多面的かつ持続的な性格をもっています。

　今、世界中で国民のウェルビーイングを向上させる取組みがはじまっています。さらに、それをどのような方法で把握するかの検討も行われています。たとえばGDP（国内総生産）は国の経済的な豊かさを表す重要な指標ですが、経済的な側面からだけでは、国民が「実感」する豊かさや繁栄の実態を捉えることはできません。

　当研究所は、2020年版ライフデザイン白書である『人生100年時代の「幸せ戦略」』において、図0-1のような「幸せ」の構造を示しました。それは、主体的な行動で得られる「ハピネス」を日々感じることでQOL（生活の質）が向上し、その結果、自分が良い状態にあると感じる、つまり、ウェルビーイングが実現されるという考え方です。

　しかし、人は良い状態にはすぐに慣れてしまうため、何かで幸せを感じても、その状態を持続させることは難しいといえます。これを「快楽順応」と

図0-1　当研究所が提唱する「幸せ」の構造

いいます。新たな刺激がなければ「ハピネス」を感じ続けることが難しくなるということです。そのため、幸せを体感できる行動を自分から絶えず起こすことで、積極的に「ハピネス」を感じ続けることが大切です。このように、「行動と経験」の動的な側面と「状態」の静的な側面の循環をうまく回すようなライフデザインを行うことで、毎日の生活のなかで、幸せな状態＝ウェルビーイングを保つことができるのです。

ライフデザインがウェルビーイングにつながる

　当研究所では、これからのライフデザインを考えていくヒントを探るため、全国の約1万人を対象にアンケート調査を実施しました。ライフデザインとは、経済的な資金計画だけではなく、仕事や学業、家庭、余暇など、生活にかかわる様々な面を含む総合的な人生設計を意味します。調査の結果、ライフデザインを実践しているか否かで、人々のウェルビーイングの度合いが異なることが確認されました。

　図0-2は、幸福度得点（現在の生活に対する総合満足度を10点満点で評価したもの）を、自身のライフデザインの状況別にみたものです。これをみると、ライフデザインをそもそも「考えたことがない」人から「できていない」

人までの幸福度得点が4点前後である一方、「ある程度できている」人は5.8点、「ほとんどできている」人では6.8点と、ライフデザインをしている人のほうが、幸福度が高いことがわかります。この結果から、ライフデザインを行うことはウェルビーイングにつながると考えられますが、その背景には何があるのでしょうか。

図0-2　ライフデザインの状況別・幸福度得点（単位：点）

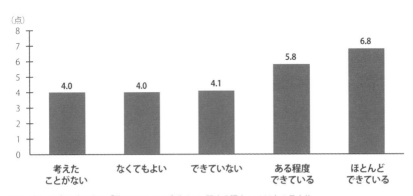

資料：第一生命経済研究所「第12回ライフデザインに関する調査」2023年3月実施

　図0-3をみると、ライフデザインを行うことで、将来に向けたお金の準備や健康管理に関する意識が高まったり、生きがいの発見やキャリアプランの明確化につながるなど、多様な効果がみられます。ライフデザインによって生活の様々な面に対する意識が高まり、現状を把握したり、将来のことを考えたりすることで自分自身の生き方・暮らし方に対する前向きな気持ちがもたらされることが、ウェルビーイングにつながっているようです。

ウェルビーイングと3つの人生資産との関係

　当研究所では、ウェルビーイングに人生をおくるため、3つの人生資産である「健康」「お金」「つながり」を自分なりに充実させていくよう提言しています。図0-4は、その3つの人生資産を詳しく分類したものです。緑色は「健康」、黄色は「お金」、青色は「つながり」を表し、それぞれをさらに複

図0-3 ライフデザインを行った人が感じている効果（単位：％）

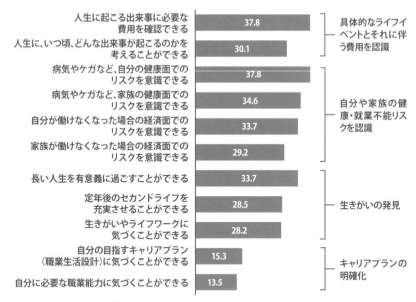

人生に起こる出来事に必要な費用を確認できる	37.8
人生に、いつ頃、どんな出来事が起こるのかを考えることができる	30.1
病気やケガなど、自分の健康面でのリスクを意識できる	37.8
病気やケガなど、家族の健康面でのリスクを意識できる	34.6
自分が働けなくなった場合の経済面でのリスクを意識できる	33.7
家族が働けなくなった場合の経済面でのリスクを意識できる	29.2
長い人生を有意義に過ごすことができる	33.7
定年後のセカンドライフを充実させることができる	28.5
生きがいやライフワークに気づくことができる	28.2
自分の目指すキャリアプラン（職業生活設計）に気づくことができる	15.3
自分に必要な職業能力に気づくことができる	13.5

具体的なライフイベントとそれに伴う費用を認識

自分や家族の健康・就業不能リスクを認識

生きがいの発見

キャリアプランの明確化

資料：第一生命経済研究所「第12回ライフデザインに関する調査」2023年3月実施

図0-4　3つの人生資産とウェルビーイング

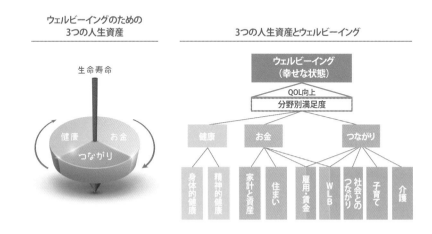

数の項目に分けています。雇用・賃金、ワークライフバランス（WLB）は、「お金」と「つながり」の両方に関連しています。

　次に、幸福度と3つの人生資産に対する満足度の状況をみてみます。現在の生活に対する総合満足度である幸福度得点は5.5点となっています。一方、分野別の満足度（10点満点）をみると、比較的高い分野は子育て（5.6点）、住まい（5.4点）で、逆に満足度が低いのは、家計と資産（4.6点）、雇用・賃金（4.6点）、介護（4.7点）となっています（図0-5）。

　さらに、各分野が幸福度に与える影響をみるため、幸福度得点を結果（被説明変数）、各分野の満足度を要因（説明変数）とし、重回帰分析という手法で両者の関係を分析しました。それぞれの項目の関係性を探る分析で、幸福度に対してどの項目がどの程度の影響を与えているかを探るものです[1]。

　図0-6の左側の分析1では、家計と資産への満足度が幸福度得点に与える影響として最も強く、精神的健康、住まい、雇用・賃金、ワークライフバランス（WLB）の満足度がそれに続くという結果となりました。

　図0-6の右側の分析2は、分析1以外の分野であっても幸福度得点に影響があることを示すもので、子育てと身体的健康への満足度が幸福度得点への影響力が強く、社会とのつながり、介護がそれらに続く結果になりました。

　以上のように、「健康」「お金」「つながり」の人生資産に関する生活分野は、それぞれ幸福度すなわちウェルビーイングに影響を与えていることがわかり

図0-5　幸福度得点と各分野の満足度（全体平均）

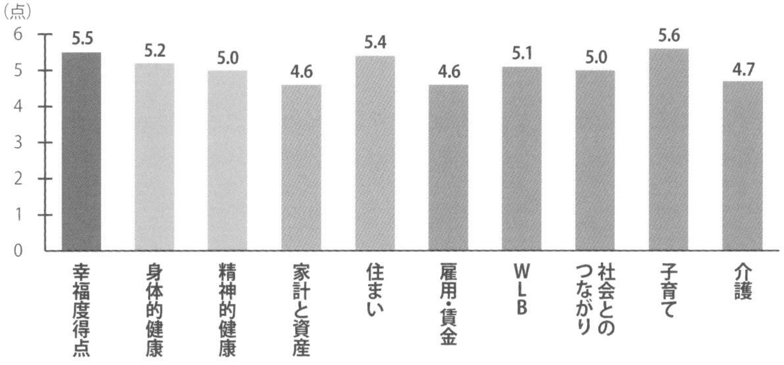

資料：第一生命経済研究所「第12回ライフデザインに関する調査」2023年3月実施

序章　幸福（ウェルビーイング）とは何か

図0-6　幸福度と分野別生活満足度の関係

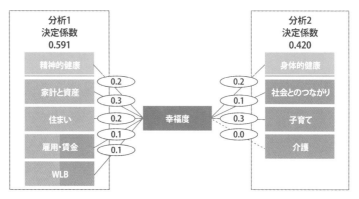

注：幸福度と分野別満足度の間の〇内の数字は標準偏回帰係数の値であり、影響度の大きさを示す。実線は各
　　回帰係数が5%水準で有意、点線は10%水準で有意であることを示す。
資料：第一生命経済研究所「第12回ライフデザインに関する調査」2023年3月実施

ます。したがって、自身のウェルビーイングを具体的に考え、3つの人生資産を中心に主体的にライフデザインすることが大事だといえるでしょう。

　第1章以降では、「健康」「お金」「つながり」の各分野で、ウェルビーイングにつながるヒントを豊富に紹介しています。どこからでも読んでいただけるよう執筆していますし、終章には各節のサマリーを掲載していますので、ご自分にとって大事だと感じられる分野からお読みいただき、ウェルビーイングのためのライフデザインにお役立ていただければと思います。

（村上隆晃）

注

1）今回、各分野の満足度の相関が高いため、すべての分野別満足度による分析で有効な満足度のみを用いた分析1と、それら以外の分野別満足度を用いた分析2の2回に分けて重回帰分析を行った。

参考文献
第一生命経済研究所『人生100年時代の「幸せ戦略」』東洋経済新報社 2019年
第一生命経済研究所『「幸せ」視点のライフデザイン』東洋経済新報社 2021年
内閣府「満足度・生活の質に関する調査」各年度報告書
村上隆晃「Well-beingとライフデザインの幸せな関係」第一生命経済研究所 2021年7月

コラム

ウェルビーイングをめぐる日本の動向

　国際的なウェルビーイングの指標には、国連の「世界幸福度報告」や、OECDの「より良い暮らし指標」があります。現在の経済統計（たとえばGDPなど）だけでは、人々が本当に幸せなのか捉えきれないため、それを測定する指標として開発されました。これらは、人々が感じる幸福度や社会・経済的な要素を複数の指標で捉え、生活の質を評価する基準を提供しています。ただ、欧米の価値観が色濃く、アジアの文化や価値観があまり反映されていないという指摘もあります。

　日本でも、ウェルビーイングの指標作りが検討されています。2018年に自民党内でウェルビーイングを政策目標とするプロジェクトチームが立ち上がり、2023年5月まで6次にわたる提案が政府になされました。

　日本の「ウェルビーイング元年」となったのは2021年です。同年の「骨太の方針」では、政府の基本計画にウェルビーイングに関するKPI（重要業績評価指標）を設定することが盛り込まれ、たとえば、内閣府の「高齢社会対策大綱」や文部科学省の「教育振興基本計画」など32の基本計画でKPIの設定が完了しています。また、2021年の「成長戦略実行計画」では、「一人ひとりの国民が結果的にwell-beingを実感できる社会の実現を目指す」とされ、内閣府が年1回、Well-beingダッシュ

2021年は日本のウェルビーイング元年

―骨太の方針―
"政府の各種の基本計画等について Well-beingに関するKPIを設定する"

すでに32の基本計画で設定完了
（内閣官房、文科省、厚労省、農水省、国交省、環境省、内閣府、消費者庁、デジタル庁）

―成長戦略―
一人一人の国民が結果的に Well-beingを実感できる社会の実現を目指す

国内のウェルビーイング実感について内閣府がウェルビーイング・ダッシュボードを2021年に作成し、（年に一度）公表

資料：鈴木寛・一般社団法人ウェルビーイング学会副代表理事「四半期ごとの日本全体＆都道府県別GDW〜Well-being（生活の豊かさ）実感について〜」（2022年12月8日発表）

ボードを公表することが決定しました。さらにウェルビーイングに関する各省庁の連絡会議も設置され、情報共有や連携強化、好事例の共有が進められています。こうした取組みは2023年現在も続いています。

　2021年は、政府だけではなく、産学でも動きがありました。その1つが、公益財団法人のWell-being for Planet Earthが主導するWell-being Initiativeです。多くの有識者・団体・企業が参画し、経済成長の指標である GDP とは異なる新しい指標として、「主観的な豊かさ」を示すGross Domestic Well-being（GDW、国内総充実）を推進しています。中長期的には、日本発でグローバルコミュニティを巻き込み、2030年以降のポスト SDGs（持続可能な開発目標）におけるグローバルアジェンダとして、ウェルビーイングを位置づけるよう活動しています。

GDP から GDW、SDGs から WBGs ？

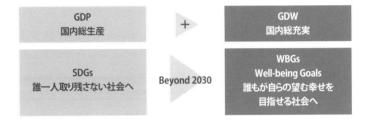

（村上隆晃）

参考文献

村上隆晃「国民の幸せな人生（well-being）を政策目標に〜生涯幸福量（WELLBY）という新たな考え方〜」2021年12月

村上隆晃「ここが知りたい『国民全体の幸せの指標、GDW（Gross Domestic Well-being）に注目』」2022年2月

村上隆晃「世界も注目を始めた東アジアの幸福観〜「世界幸福度報告」2022年版より〜」2022年5月

村上隆晃「SDGsの次を議論する国連未来サミット〜ウェルビーイングが次のグローバルアジェンダに〜」2023年10月

第1部
健康

健康とウェルビーイング

人生100年時代と主観的健康感

　「健康」は幸せな人生をおくるための3つの人生資産の1つです。この章では、ウェルビーイングと健康の関係について、これまで行われてきた研究やアンケート調査で得られた分析から、心身の健康を保つヒントを探ります。

　「幸せ」の条件の1つとして、「健康」を挙げる人は少なくないと思います。病気やケガをしているときに、苦しさやつらさを感じる一方で、健康のありがたみを強く感じた経験のある人は多いのではないでしょうか。

　実際、健康は幸福度や生活満足度と相互に関係があることが様々な研究で示されています。たとえば、世界各国の幸福度を調べた国連の「世界幸福度調査」では、幸福度に影響が大きい要素として、「健康」が「お金」や「つながり」などと並んで上位に挙げられています。また、わが国のウェルビーイングを様々な視点から把握するために内閣府が行った調査では、自身の健康状態が良いと感じている人ほど生活満足度が高い傾向が報告されています。

　このように、自分自身が感じる健康状態のことを「主観的健康感」といいます。主観的健康感は、幸福度や生活満足度に関係すると共に、疾病の有無にかかわらず、その後の死亡率などとも関係があるという研究も示されてい

ます。主観的健康感は、健康診断の数値のように医学的な健康状態を示すものではありませんが、客観的な指標では表せない健康状態を総合的に捉えたものと考えることができます。

では、人々はどのようなことを根拠に自分の健康状態を判断しているでしょうか。厚生労働省の調査によると、「病気がないこと」（63.8%）、「美味しく飲食できること」（40.6%）、「身体が丈夫なこと」（40.3%）など身体的な面を根拠とする回答が多い一方、「ぐっすりと眠れること」（27.6%）、「不安や悩みがないこと」（19.1%）、「家庭円満であること」（13.6%）など、精神面や人間関係にかかわる部分でも健康状態が判断されていることがわかります（図1-1）。

図1-1　健康感を判断するにあたって重視した事項

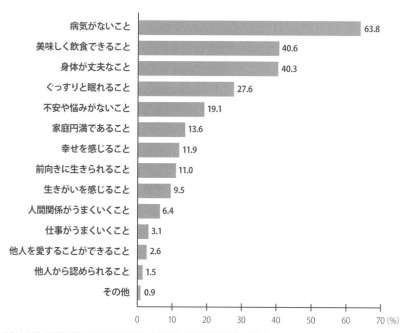

資料：厚生労働省政策統括官付政策評価官室委託「健康意識に関する調査」2014年

健康の概念を幅広く捉える

世界保健機関（WHO）によると、健康は次のように定義されています。

健康とは、肉体的、精神的及び社会的に完全に良好な状態であり、
単に疾病又は病弱の存在しないことではない（WHO憲章より）

「健康」というと身体的に健康であることをイメージする人が多いと思いますが、WHOの定義では、精神的な健康に加えて、社会的な健康という概念も含まれています。

ここでいう社会的な健康とは、どういうことでしょうか。簡単にいうと、周囲の人や社会と健全なつながりをもてているかということになります。たとえば、生きがいをもち、周りの人と良好な関係を築けているかといったことや、社会の中で何らかの役割をもち、自分の居場所があると感じられるか、といったことが含まれます。また、社会的な健康は、自分自身に対する肯定的な気持ちにつながり、精神的な健康や、ひいては身体的な健康にも関係するといわれています。

このように、健康を単なる疾病の有無だけでなく、主観的な要素も含めて幅広く捉えることは、人生100年時代において大事なことです。年齢が上がるにつれ、疾病リスクが高まることを完全に避けることはできませんが、たとえ持病があっても、精神的・社会的な要素が満たされることで、良好で充実した状態を実現することが可能といえるからです。

当研究所が行ったアンケート調査から、自分自身を健康でないと感じている人の「生きがい」（楽しみに思うもの、打ち込めるものなど）について、幸福度が高い人と低い人を比較すると、幸福度が高い人の特徴として、様々な面でより生きがいを感じていることがわかります（図1-2）。

また、幸福度得点が高い人と低い人で特に差が大きい項目をみると、「家事や家族の世話」（4.1倍）、「家族との団らん・交流」（3.4倍）、「友達との交流」（1.9倍）など、「つながり」関連の項目の差が非常に大きくなっています。

つまり、主観的な健康感が低くても、「生きがい」や「つながり」を充実させることで、ウェルビーイングを実現できるということが、アンケート

図1-2　幸福度得点別　「生きがい」（楽しみに思うもの、打ち込めるものなど）を感じること

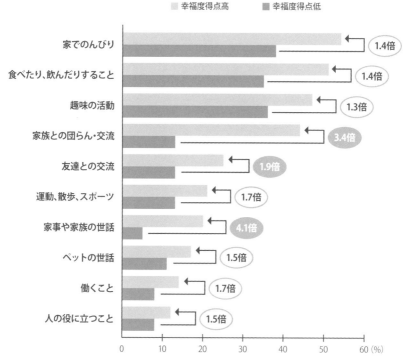

注：分析対象は自分の健康を「よくない」「あまりよくない」と回答した人。
　　幸福度得点高：8〜10点／幸福度得点低：0〜4点
資料：第一生命経済研究所「第12回ライフデザインに関する調査」2023年3月実施

データからも示唆されます。

孤独の死亡リスクは喫煙に匹敵

　健康を維持するうえで、つながりの重要性は多くの研究で指摘されています。たとえば、米国のある研究[1]では、社会的なつながりがある人はない人に比べて、生存の可能性が50％も高くなることが示されています。さらに他の死亡リスクと比べると、「孤独」はリスクの高さで喫煙に匹敵し、医学的に証明されている過度な飲酒や肥満などよりもリスクが高いと分析されてい

ます。また、高齢者を対象とした研究では、身体活動（運動習慣）だけの人
よりも文化活動と地域活動を定期的に行っている人のほうがフレイル（心身
の機能に低下がみられる状態）になるリスクが約3分の1というデータもあ
ります[2]。

　文化活動やボランティア・地域活動がフレイルのリスクを抑制するのはな
ぜでしょうか。その仮説としては、それらが社会とのつながりをもたらしや
すいことが関係していると思われます。つながりをもつことで、脳神経の活
動が活性化され、認知症リスクの低下につながることや、健康上の問題が早
期に発見され、病気の予防につながりやすいこと、また、話し相手やいざと
なったらサポートしてくれる人がいることで、ストレス軽減や精神状態の改
善につながり、それが結果として、身体的な健康にも影響を及ぼしているこ
となどが指摘されています。

　もちろん、つながりが健康に与える影響は年齢や性別、社会経済状況等に
よっても異なると考えられますが、つながりをもつことが健康を維持するた
めに重要であることは間違いないといってよいでしょう。

国の政策も「つながり」重視に

　このような研究を受け、国が進める健康づくりの国民運動である「健康日
本21」でも、つながりが重視されるようになっています。

　2024年度から開始される健康日本21（第三次）では、「全ての国民が健や
かで心豊かに生活できる持続可能な社会の実現」というビジョンの下、「健
康寿命の延伸・健康格差の縮小」に向けて、大きく「個人の行動と健康状態
の改善」と「社会環境の質の向上」という2つの観点から取組みを推進する
方向性が示されています（図1-3）。

　このように、個人と社会環境の両面から取組みが推進されている背景とし
ては、人々の健康は、単に個人の問題だけでなく、その人を取り巻く社会環
境によっても大きく影響を受けることが様々な研究で明らかになっており、
「良いコミュニティ」の形成を通じて、健康づくりを促進しようと考えられて
いるためです。

　こうしたことを受けて、健康日本21（第三次）では、地域のつながりや社

図1-3　健康日本21（第三次）の概念図

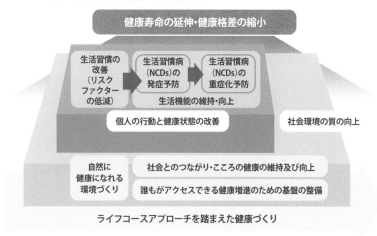

全ての国民が健やかで心豊かに生活できる持続可能な社会の実現のために、以下に示す方向性で健康づくりを進める

会活動（地域活動・ボランティア・就労等）について、具体的な目標数値が設定されています。地域のつながりについては、「地域の人々とのつながりが強いと思う者の割合」を現状の40.2％から2032年度までに45％にするということが掲げられています。また、社会活動については、地域活動やボランティアなどの社会参加、就労などの状況について、それぞれ現状より5％増加させることが目標として設定されています。

　地域コミュニティとのかかわりが希薄化する傾向にあるなか、社会活動への参加を促すことは重要であり、高齢者のフレイルリスク減少にもつながると考えられています。

　今後、各自治体における健康づくりの取組みにおいて、健康日本21にもとづく方針がさらに反映されていくことが見込まれます。

健康づくりを自分なりにデザインしよう

　人生100年時代においてウェルビーイングを実現するためには、自分自身

が望む「ありたい姿」を思い描いて、行動していくことが大切です。

　健康においても、思い描いた「ありたい姿」を見据えつつ、今の自分に合った運動や食事、睡眠時間、休息などを意識することで、身体的な健康を維持し、精神的にも安定した状態を保つことができるでしょう。最初から健康的な行動を取ることは難しいかもしれませんが、今できることからはじめて、徐々にできることを増やしていくぐらいの姿勢ではじめてみることでも良いと思います。

　もちろん、医療が必要なときには、専門家のアドバイスを受けながら適切な医療サービスを受けることも大切です。健康づくりの取組み方がわからなければ、専門家のアドバイスを聞いてみることも考えて良いでしょう。

　現代では、インターネットを通じて、様々な医療・健康情報を得ることができます。しかし、インターネットの医療・健康情報は玉石混交であり、必ずしも正しい情報が掲載されているわけではありません。世の中に広まっているからと安易に信用するのではなく、情報を活用する場合は、その情報の出所におかしなところはないか、エビデンス（根拠）にもとづいた情報なのかなど、情報の信頼性にも十分注意を払う必要があります。健康や医療に関する情報を正しく理解し、健康に良い行動を取る力を「ヘルスリテラシー」といいますが、人生100年時代においては、専門家の力を借りることも含めて、このヘルスリテラシーを身につけていくことが大事になってくるでしょう。

　また、これまで述べてきたとおり、身体的、精神的な健康だけでなく、社会的な健康、すなわち、つながりや生きがいも意識しておく必要があります。つながりは、人生の様々な局面で支えとなり、健康的な生活をおくるうえで欠かせないものです。また、心の底から楽しめることや、夢中になって取り組めるものをもつことは生きがいとなり、人生を前向きなものにしてくれます。

　特に、近年ではコミュニティの重要性が高まっています。それも職場や学校、地域などのコミュニティだけでなく、同じ趣味や興味をもつ人が集うものなど、様々なコミュニティがあります。この数年、コロナ禍によってリアルのコミュニティ活動が大きく制約を受けた一方で、SNSの浸透もあって、インターネットを通じて、同じ趣味や興味をもつ見知らぬ人たちがつながる

ことが以前より簡単になっている面もあります。こうしたネット上のコミュニティは一見なじむのが難しいようにも感じられますが、同じ趣味や興味をもつため、リアルのコミュニティよりもコミュニケーションを取りやすいという声もあります。

　健康づくりの一環として、リアルとバーチャルを使い分けながら、自分自身にあったコミュニティ活動にも取り組んで、生きがいを見つけてみるのも良いでしょう。

（丹下博史）

注

1）"Social Relationships and Mortality Risk: A Meta-analytic Review" Julianne Holt-Lunstad, Timothy B. Smith, J. Bradley Layton, 2010, PLos Med. 本研究は、メタアナリシスという統計手法を使って、148の研究成果（分析対象：308,849例）を統合し、死亡リスクに対する社会的関係の影響度を分析したもの。

2）飯島勝矢「さらなる健康長寿社会への挑戦」『フレイル予防・対策：基礎研究から臨床、そして地域へ』公益財団法人 長寿科学振興財団　2021年

参考文献

内閣府「満足度・生活の質に関する調査」各年度報告書

五十嵐久、飯島純夫「主観的健康感に影響を及ぼす生活習慣と健康関連要因」Yamanashi Nursing Journal Vol.4 No.2 (2006), 19-24

吉澤裕世、田中友規、高橋競、藤崎万裕、飯島勝矢「地域在住高齢者における身体・文化・地域活動の重複実施とフレイルとの関係」日本公衛誌 第66巻 第6号 (2019)、306-316

厚生労働省健康局健康課「健康日本21（第二次）最終評価報告書」2022年

Julianne Holt-Lunstad, Timothy B. Smith, J. Bradley Layton, "Social Relationships and Mortality Risk: A Meta-analytic Review", PLos Med., 2010.

2 日本人の健康状態と健康意識

日本人の平均寿命が10年ぶりに低下

　厚生労働省が2022年7月に公表した「令和3年簡易生命表」によると、2021年の日本人の平均寿命は男性81.47年（前年比マイナス0.09年）、女性87.57年（前年比マイナス0.14年）となり、東日本大震災の影響を受けた2011年以降、10年ぶりに前年を下回りました。前年を下回ったのは、新型コロナウイルス感染症による死亡者の増加が、平均寿命に影響したためです。

　とはいえ、その水準自体は過去2番目に高い数値であり、各国との比較でみても、日本は男性3位、女性1位と世界でも有数の長寿を実現しています。

　また、生命表によると、95歳まで生きる人の割合は、1980年生まれでは、男性1.5%、女性4.2%と推計されているのに対し、2021年生まれでは、男性10.1%、女性27.1%と推計されており、今後さらに長寿化が進むことが見込まれています（図2-1）。実際、100歳以上の人口は年々増加しており、日本は急速に「人生100年時代」に変化してきているといえるでしょう。

　一方、健康寿命について、2019年のデータでみると、男性は72.68年、女性は75.38年となっており、同じ年の平均寿命よりそれぞれ男性で8.73年、女性で12.07年短い水準になります。

　健康寿命とは、2000年にWHOが提唱した指標であり、「健康上の問題で日常生活が制限されることなく生活できる期間」のことを指します。日常生活の動作に制限があることは生活満足度や幸福度に

図2-1　生まれた年代ごとの95歳まで生存する者の割合

資料：厚生労働省「令和3年簡易生命表」より作成

も影響が大きいため、平均寿命と健康寿命のギャップを縮めることは、ウェルビーイングの観点からも重要といえます。

男女の健康格差

　男女の健康を平均寿命や健康寿命という視点でみた場合、男性よりも女性のほうが長生きであり、かつ、健康上の理由で日常生活を制限されることなく生活できる期間も長いことがわかります。歴史的にみても女性の寿命のほうが長いという傾向は一貫しており、明治時代の日本人の平均寿命は男性42.8年、女性44.3年でした[1]。このように、女性のほうが男性よりも長生きなことは、世界の多くの国で共通した傾向です。

　では、女性よりも男性のほうが、病気やけがをする割合が高いのでしょうか。病気やけがの自覚症状をもつ人の割合を指す「有訴者率」という指標をみると、20代以上では、男性よりも女性のほうが全年齢で有訴者率が高い傾向があります。また、病院や診療所に通院して治療を受けている割合である「外来受療率」も、10代や80歳以上の高齢者を除くと、女性のほうが高くなっています。しかし、入院して治療を受けている割合である「入院受療率」でみると、妊娠や出産による影響が大きい20〜30代を除いて、男性の入院受療率のほうが高くなっています。

　こうした背景には、男性と比べて女性のほうが自分自身の体調や健康状態に敏感であり、すみやかに受診する傾向があるといわれています。反対に男性は体調不良があってもなかなか受診しないため、結果的に重症化してしまい、入院が多くなることなどが考えられます。

　また、かかりやすい病気にも男女で大きな違いがあります（図2-2）。たとえば、普段の通院状況から、かかりやすい病気の傾向をみると、男性では、糖尿病をはじめとする、いわゆる「生活習慣病」と呼ばれる病気が多いという特徴があります。特に心筋梗塞や脳卒中は命にかかわったり、日常生活動作に支障をきたすような障害が残ったりしやすい病気です。糖尿病は、動脈硬化を引き起こすため、心筋梗塞や狭心症、脳卒中等の発症リスクや死亡リスクを高めることがわかっています。また、死因別でみると、男性は日本人の死因1位である「がん」による死亡が女性より多い他、「肺炎」「不慮の事故」

「自殺」なども目立って多いことが特徴です。一方、女性がかかりやすい病気としては、脂質異常症（高コレステロール血症など）のほか、骨粗しょう症、肩こり症、関節症など筋骨格系の病気が多く挙げられます。どちらかといえば、慢性疾患と呼ばれる病気が多いことが特徴です。

図2-2　傷病別通院者率の男女の違い

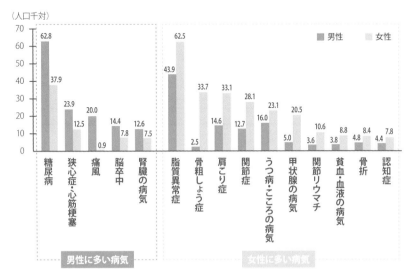

注：傷病は複数回答
資料：厚生労働省「国民生活基礎調査（2019）」より作成

　こうしたかかりやすい疾病や事故の多さなどの違いも、男女の平均寿命や健康寿命の違いに表れているといえるでしょう。

▍女性の長生きの秘密

　女性が男性よりも長生きする理由については、多くの研究が行われていますが、主要な理由を大きく分けると、生物学的な要因と社会文化的な要因があります。

　生物学的な要因としては、一般に女性は、女性ホルモンの影響で男性よりも免疫系が強く、感染症などにかかりにくいといわれています。また女性ホ

ルモンの一種である「エストロゲン」は、血管を拡張する作用や血中の悪玉コレステロールの増加を抑えるなど、動脈硬化を抑制する働きがあることが知られており、このことが女性の心筋梗塞や脳卒中の発症リスクの低さにつながっていると考えられています。一方で、女性は閉経の前後に更年期を迎えると、エストロゲンの分泌量が減少し、更年期症状である肩こりや疲労感、発汗、動悸、イライラなど心身の不調を起こしやすくなります。また、骨粗しょう症のほか、心疾患をはじめとした重篤な病気にもかかりやすくなりますので、50歳前後の女性は、健康管理によりいっそう注意することが大事といえます。

社会文化的な要因としては、生活習慣や健康に対する男女の意識の違いが指摘されています。たとえば、女性は喫煙や過度なアルコール摂取など、生活習慣病のリスクが高い行動を男性と比べて避ける傾向があるといわれています。外食の頻度も男性に比べて少なく、野菜が多い食事を好むなど、食事の栄養やバランスに気をつけている人も多いです。

当研究所で行った調査でも、健康について取り組んでいることをたずねると、多くの項目で男性よりも女性のほうが取り組んでいると回答する割合が高くなっており、女性の健康に対する意識の高さがうかがえます（図2-3）。

さらに、先に述べたとおり、女性のほうが外来で医療機関を受診する頻度が高く、結果的にそれが病気の発症防止や重症化予防につながっている可能性があります。

では、なぜ女性は健康に気をつけた行動を取ることが多いのでしょうか。その理由としては、普段から月経による体調変化があることや、乳がん・子宮がんなど女性特有の健康リスクの存在、また妊娠・出産、育児などの経験を通じて、健康管理に対する意識が高くなったり、医療機関を利用することに慣れていたりすることが考えられます。

また、健康づくりにおけるつながりの重要性について前節でも触れましたが、女性は一般的に、友達を作ったり、コミュニティに参加したりするなど、社会的な「つながり」をつくることが上手だといわれています。専門家はもちろん、周囲の人に悩みや病気に関する相談をすることで、ストレスや不安感の解消、病気の早期発見など、健康維持にプラスの効果を与えている可能性があります。

図2-3 健康について気をつけて取り組んでいること

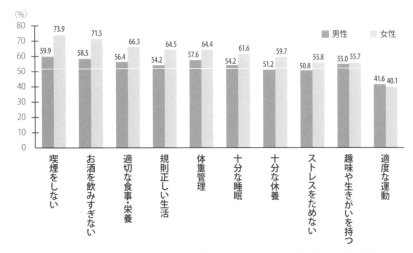

注：各項目について、気をつけて取り組んでいるかどうかを5件法で聴取し、「取り組んでいる」「どちらかといえば取り組んでいる」の回答を集計
資料：第一生命経済研究所「第12回ライフデザインに関する調査」2023年3月実施

性差からみる健康づくりのヒント

　性差という観点から、健康状態や健康に対する意識について解説してきましたが、女性のほうが長寿で、健康である期間が長いことの背景を考えると、健康づくりにおけるヒントもみえてくると思います。

　当然ではありますが、医療機関への適切な受診も含め、健康管理への意識を高め、喫煙や過度な飲酒、偏った食事、運動不足、不規則な生活など、生活習慣病のリスク要因とされる行動をコントロールすることが大切です。特に生活習慣病の発症を防ぐには、いわゆるメタボ予備軍と呼ばれる発症前の段階で生活習慣を改善することが重要です。具体的には、健康診断などで、肥満、高血圧、脂質異常、高血糖などが指摘された場合には、その結果を正面から受け止め、保健師など専門家にも相談して対策を考えてみてはいかがでしょうか。

　また、いきなり専門家に相談することに抵抗があれば、まずは家族や周囲の人に率直に相談するのも良いでしょう。周囲の人のひと言や支えが、健康

づくりに取り組むモチベーションや後押しになる可能性があります。

　女性特有の問題でいうと、女性ホルモンとの関係から更年期以降の健康管理が非常に重要です。この時期は生活習慣病のリスクが急上昇しますので、定期健診を必ず受け、健康管理に役立てていくと同時に、食事や運動など生活習慣に注意が必要です。

　ただ実は、性ホルモンが体調にかかわってくるのは女性だけではありません。まだ一般にはあまり知られていませんが、「テストステロン」と呼ばれる男性ホルモンの減少によって、男性も更年期障害の症状が現れることがわかっています。女性と同様、おおむね40歳以降に発症することが多いようですが、個人差が大きく、病態について研究が進められています。

(丹下博史)

注
1）第1回完全生命表による明治24年～31年生まれの平均余命。

男性更年期とテストステロン

堀江 重郎（ほりえ しげお）

順天堂大学大学院医学研究科　教授
1985年東京大学医学部医学科卒業、1993年医学博士
テキサス大学、東京大学、国立がんセンター、帝京大学等を経て、2012年順天堂大学大学院医学研究科泌尿器外科学教授

　男性の更年期障害は、男性ホルモンである「テストステロン」の低下が原因です。更年期障害が起こる時期は個人差が大きいうえに、更年期障害による体と心の不調が起こっても、「年のせい」「ただの疲れ」と見逃されがちです。しかし、更年期障害はどの年代でも起こる可能性があります。また、最近の研究では、生活習慣や社会とのかかわりがテストステロンの分泌に影響することもわかってきています。

　女性の更年期障害は、閉経により女性ホルモンのエストロゲンが急激に減少することにより起こります。閉経は遺伝子に組み込まれている生命現象であるのに対し、男性の更年期障害は、転職やリタイアなどの環境の変化がきっかけとなって男性ホルモンが急激に減少することでおこる病気です。

　男性ホルモンであるテストステロンは20代が分泌のピークで、30代以降のホルモン値は個人差が大きく、高めの人、低めの人があり職業選択や社会とのかかわり方にも影響します。

テストステロン分泌の生涯推移

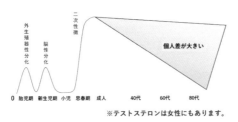

　太古より男性は、外に出て獲物をとり、家族に分け与えるという役割を担ってきました。獲物をとりにいこうとする「意欲」、獲物がいる場所を知っている「認知力」、それを実行する「筋力」

を支えているのが男性ホルモンのテストステロンです。

　現代ではこの「獲物」は仕事になりますが、テレワークで直接的な人とのかかわりが減ったり、単身赴任で獲物を分け与える家族が遠くなったり、また役職定年等で自分らしく働くことができなくなったり、退職して社会とのつながりがなくなったりすると、テストステロンが急激に減少し、「意欲」「認知力」「筋力」が低下するため、仕事のミスが増えたり、気分が落ち込んだり、疲れやすくなったりします。

　テストステロンは、図のように健康な状態を保持するホルモンです。テストステロンの分泌には、加齢よりもむしろ「生活習慣」や「社会的な活動」が深く関係していることから、テストステロンは〝社会性ホルモン〟とも呼ばれています。

　たとえば、定年後の男性が更年期障害になるケースが多くあります。生活リズムの乱れや社会とのかかわりの減少によって、男性ホルモンが減ってしまうのです。年齢にかかわらず、社会的な役割をもっており、趣味などで人生を楽しんでいる人は、テストステロンの分泌が低下しにくいとされています。

　また、社会の中で自分の役割を与えられたり、認められたりするとテストステロンの分泌は高まります。つまりテストステロンは、仕事で達成感を得られて満足している状態であれば分泌量が増えますが、周りの環境から過剰なストレスを受けている状態だと減る特徴があるのです。現代の社会においても、何らかの獲物を得たと

テストステロンのおもな性質

テストステロンが健康な状態を保持する→低下するとQOLに著しく影響

認知機能　骨　筋肉　脂質代謝　性機能　血管　血液

筋肉を動かす
テストステロンUP
健康な心身を維持

テストステロン＝バイタリティ

冒険
狩猟、旅
新しいことへのチャレンジ

仲間
仲間、家族
他人とのかかわり、縄張り

競争
ゲーム（麻雀、囲碁、将棋）
スポーツ、達成感、順位

公平
正直、嘘をつかない
平等、分け与える

社会貢献
ボランティア活動
募金、寄付

いう実感がないと男性ホルモン、テストステロンは減ってしまうのかもしれません。

　男性ホルモンが低下すると、心と体に様々な症状が現れます。おもな体の症状は、筋力低下や関節痛、筋肉痛、異常発汗、ほてりなどです。これらは女性の更年期障害と似た症状です。それ以外にも肥満、頻尿などの症状があります。

　また、男性特有の症状としては、性欲の減退や勃起力の低下などが起こります。

　テストステロンには、臓器の機能を維持し、炎症を抑える作用があります。

　テストステロンの分泌が低下すると、体や心に様々な症状が現れるだけでなく、深刻な病気につながるおそれがあるので注意が必要です。

　テストステロンが減少すると、中性脂肪やコレステロールの代謝が低下したり、内臓脂肪や皮下脂肪が増えやすくなります。その結果、肥満や糖尿病、脂質異常症、高血圧などの生活習慣病を発症するリスクが高まり、動脈硬化の原因ともなります。

　更年期症状を悪化させないために重要なのは、症状の程度を知って症状に応じた適切な対処をすることです。男性の更年期症状の状況を示す1つの指標にAMSスコア（加齢男性症状調査票）があり、男性更年期障害の診断にも使われています。得点が26点以下は健康、27〜36点は軽症、37〜49点は中等症、50点以上は医療機関を受診すべき状況とされています。

男性更年期の症状

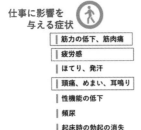

AMSスコアが50点以上の場合は、更年期症状が重いため、医療機関での診断治療が必要です。テストステロン補充が必要かもしれません。男性のホルモン補充療法は、女性の

AMS質問票

	症状	なし	軽度	中等度	重度	極めて重度
1	肉体的にも精神的にも調子が悪い	1	2	3	4	5
2	関節や筋肉に痛みがある（腰痛・関節痛など）	1	2	3	4	5
3	発汗・のぼせ	1	2	3	4	5
4	眠れない　眠りが浅い	1	2	3	4	5
5	よく眠くなる　しばしば疲労感がある	1	2	3	4	5
6	イライラする　不機嫌になる	1	2	3	4	5
7	神経質になった	1	2	3	4	5
8	不安になりやすい	1	2	3	4	5
9	やる気がない　無気力　疲労感がとれない	1	2	3	4	5
10	筋力の低下	1	2	3	4	5
11	憂うつな気分　無力感	1	2	3	4	5
12	自分のピークは過ぎたと感じる	1	2	3	4	5
13	燃え尽きたと感じる　どん底の状態だと感じる	1	2	3	4	5
14	ひげの伸びが遅くなった	1	2	3	4	5
15	性的能力の衰え	1	2	3	4	5
16	朝立ちの回数が減少した	1	2	3	4	5
17	性欲の低下	1	2	3	4	5

症状の程度

17 〜 26点 … なし
27 〜 36点 … 軽度
37 〜 49点 … 中等度
50点以上 … 重度

医療現場で使用する
男性更年期症状の
重症度チェック

点数が高い人はからだに
「炎症」が起こっている

ホルモン補充療法のようにホルモン量の微調整が難しいため、軽症や中等症の人には副作用のリスクが高まる可能性があります。

　テストステロン値には個人差があり、もともと高い人も低い人もいますが、低いから問題なのではなく、急減することが問題なのです。更年期症状を自覚している人のほとんどはAMSスコアが軽症か中等症の人たちで、この段階の人たちをいかに重症化させないかが大切です。

　軽症、中等症の場合や気になる症状がある場合には、「HPテスティング（https://hptesting.jp/）」という、郵送のテストステロン検査キットがあります。定期的に測定することで、自分のテストステロンが低下していないかチェックすることができます。少しずつ低下している場合は生活習慣の改善で対処できます。

　テストステロンの分泌には、自分を評価してくれる人が必要です。誰

かに認められたり頼りにされると、テストステロンが分泌されます。また、中学や高校の同級生といった昔からの仲間との交流、地域や趣味のコミュニティへの参加などで、頼られたり、認めてもらったりする経験がテストステロンを増やすことにつながります。

そのほかにも食事や運動、睡眠など、テストステロンを増やす方法があります。テストステロンは1日のうちでも変動するものなので、いかに減らさず、効率よく増やせるかがポイントです。テストステロンを高める栄養素としておすすめなのは、ビタミンDと亜鉛です。

疲れや頻尿、イライラや不眠といった更年期症状の改善に有効とされる漢方薬があります。医療機関ではおもに補中益気湯（ほちゅうえっきとう）、十全大補湯（じゅうぜんたいほとう）、八味地黄丸（はちみじおうがん）、柴胡加竜骨牡蛎湯（さいこかりゅうこつぼれいとう）などが処方されます。市販薬もあるので試してみるのも良いでしょう。

医療機関を受診する際は、泌尿器科やメンズヘルス外来、男性更年期外来を専門とする医療機関がよいでしょう。日本メンズヘルス医学会のホームページでは、メンズヘルス外来のある医療機関を検索できます。

男性更年期障害の診断は、問診と血液検査によって行われます。問診は「AMS調査票（スコア）」などの問診票を使って、体や心の症状、性機能の低下の有無や程度を調べます。血液検査では、採血して血液中のテストステロン値を調べます。

かつて現役を退くことは、隠居して社会的な存在ではなくなることを意味していました。しかし、超高齢社会では、社会とのかかわりはさらに長くなり、そのなかで自分らしい人生をおくることが課題になっています。更年期は、例えるならサッカーやラグビーのハーフタイムのようなもの。前半戦の試合を終え、疲労を感じ、息が上がっているような状況です。ひどく疲れる人もいればそ

テストステロンとコミュニティ

仲間との出会い（コミュニティの形成）はテストステロンの低下を防ぐ

同窓会

スポーツ

親戚の集まり

更年期とは本来、新しく生まれ変わる、人生の転換期を意味する言葉

うでもない人もいるように、症状の大小に差はあれど、ここでうまくコンディションを整え、良い後半戦に臨むことが肝心です。良いコンディションをつくっていくために情報収集したりアドバイスをもらったりし、現状をしっかり分析しましょう。

　更年期とは人生の前半戦は終わったことを意味しますが、決してネガティブな時期ではなく、人生の後半戦に向けて準備をし、体調を整える時期です。健康問題はオープンに話し合うことで、自分に合った解決策やサポートが見つけられる可能性が高まります。無理に打ち明ける必要はありませんが、症状を知ることは大切です。男性の更年期は社会的ストレスが要因となりやすいので、何が要因かを具体的に探り、ストレスから離れるために周囲のサポートが必要な場合は、そのことを伝えてみるのも良いでしょう。

　更年期は誰もが迎える人生のハーフタイムです。しっかり対策をして人生の後半戦をより有意義なものとしましょう。

3 地域にこだわり、人をつなぎ、健康をつくる

誰もが健やかに暮らし続けるためにできること

　長野県東御市（とうみ）に所在する保健・医療・福祉の複合施設「ケアポートみまき」には、朝から多くの地域住民が集まり、「ボッチャ」というボールスポーツに取り組む光景が広がっています。参加者のほとんどが70代。ジャックボールと呼ばれる白いボールに、いかに自分たちのチームのボールを近づけるか。投げ方を工夫したり、戦略を立てたりと大いに盛り上がっています。

　さて、この人たちは何のために集まっているのでしょうか。趣味のサークルや自身の健康づくりのためではありません。「介護予防住民指導者」とし

「介護予防住民指導者養成講座」の受講者がボッチャを学ぶ様子

て活動する人材を養成する「介護予防住民指導者養成講座」の一環で、年代を問わず楽しめるスポーツであるボッチャを学んでいるのです。

地域に密着した研究機関「身体教育医学研究所（しんたい）」

　東御市のある長野県民が長寿であることは全国的に知られていますが、要介護度をもとに算出された「健康寿命」の2021年値でも、男女ともに全国1位を記録しています[1]。

　その背景には、戦前から県をあげて取り組んでいる、予防に重点を置いた地域の自主的な健康づくり活動があります。地域住民が「保健補導員」[2]となり、交代で健康に関する知識を学び、近隣への周知活動、地域住民の健康づくりを推進し、医師や保健師・栄養士、食生活改善推進員など関係職種と連携した保健予防活動を積み重ねてきました。現在では、県内に約1万人の保健補導員が活動しています。こうした取組みが地域に浸透し、予防行動にも大きな役割を果たしてきました。

　先に紹介した、介護予防住民指導者養成講座の参加者は、普段からボランティアで地域住民に体操を教えている人、近所で認知症になる人が増えたことに気づき、何かできないかと参加した人、古民家を改修して地域住民が集まり運動やレクリエーションができる場にしたいという人など、地域住民のための活動に意欲のある人たちばかりです。こうした、地域住民の健康づくりを推進する企画や事業の中心的な役割を担っているのが、公益財団法人身体教育医学研究所（通称「しんたい」）です。

　2004年に東部町と北御牧村が合併して誕生した東御市は、県の東部に位置し、湯ノ丸山や烏帽子岳などの山々を望み、千曲川が流れ、温泉を多数有しています。

　このような豊かな自然環境のなか、1999年に設立され

しんたいの事務所がある複合施設「ケアポートみまき」

たしんたいは、地域住民が東御市で健やかに暮らし続けることができるように、高齢者の転倒・介護予防、多様なスポーツ環境の充実、そして子どもの運動あそび支援など、東御市民の健康づくりに取り組む研究機関です。

地域住民の健康づくりの砦

　なぜ、研究機関がここまで地域に密着した取組みをするのでしょうか。

　自治体の福祉サービスだけでは、多様で複雑化する地域のニーズすべてに対応できません。きめ細かな対応が必要だとわかっていても、目の前の業務に忙殺され、多くの自治体で「仕組みがない」、意欲はあっても職員の「余力がない」のが現状です。

　その点、しんたいは地域密着型の研究機関として保健・医療・福祉・介護・教育・スポーツを専門とする人材を備えており、地域性と専門性を両立した活動が可能です。また、しんたいで活動する専門家自身も東御市の住民であり、地域住民との持続的な信頼関係をつくっています。より専門的な対処が必要な人には、医療機関につなげたり、各地域で行われる運動教室に参加したりすることを促す、健康づくりの砦（ゲートキーパー）であるともいえるでしょう。

各地域で開催される運動教室の様子

コミュニティ自体の力を高める

　一方、地域の健康を支えていくには、地域住民、すなわちコミュニティ全

体の力を高めていくことも必要です。

　東御市の公民館では、健康づくりだけでなく多種多様な生涯学習が行われ、地域住民が活発に学んでいます。ただ、自ら学ぶ姿勢がある自律的な人ほど、「他人の世話になりたくない」という意識も強い傾向にあるとのことです。加齢に伴い身体機能などが少し低下し、負担の大きな家事や日常動作に誰かの手助けが必要になる「要支援1」と認定されると、「ついに、自分もお世話になることになってしまった……」とがっくりと落ち込んでしまうのです。要支援1は、日常生活をおくる能力はあるので、これまでと変わらない生活を続けることが十分可能です。ですが、自分の力や意思でできていたことが「できなくなってしまった」という失望から引きこもってしまい、その結果、健康状態もさらに悪くなってしまうことがあるのです。

　冒頭で紹介した介護予防住民指導者養成講座の参加者たちは、こうしたことを予防するために、地域の住民同士が支え合う体制をつくる担い手として期待されているのです。

　介護予防住民指導者養成講座事業は、約半年間で行われる全5回の講座を通じて、しんたいの専門家、東御市健康福祉部、理学療法士から、東御市民の健康現状やフレイル（心身の機能に低下がみられる状態）予防に関する講習、そして介護予防と仲間づくりの方法について学びます。自治体が発行する広報を通じて参加者を募集したところ、2022年度は、市内から50名を超える応募がありました。

　東御市は、平成の大合併によって広域化したこともあり、地区によっては地域への帰属意識が低いという課題があります。養成講座の受講者は、多少おせっかいでも地域住民に積極的に働きかけていくことで、住民同士をつなぎ、5年後、10年後のコミュニティ活性化を目指しています。全5回の講座が修了すると、講座参加者によって組織化され、「東御どす来いサポーター」（東御市が、勝率9割6

介護予防住民指導者養成講座の様子

分2厘という強さで「天下無双の力士」の異名をもつ雷電の出生地として知られていることから命名）が生まれました。今後は、講座修了者が中心となり、各地で活動を進めていく予定です。

健康づくりDXへの挑戦

コロナ禍では、外出自粛の要請が一定期間、数度行われたことで、地域高齢者の生活にも影響が及びました。

当研究所が実施した「新型コロナウイルスによる生活と意識の変化に関する調査」においても、地域活動は「今後は実施しなくてもよい」といった、実施意向に否定的な回答の割合が、感染拡大から収束に転じる過程で高まっていました[3]。長い自粛期間が、「対面で集まったり交流できないこと」への慣れを生んでしまったのかもしれません。

ウェルビーイング向上には、身体的な健康だけでなく「社会的なつながり」が大切です。なかでも地域活動は最も身近な社会的つながりの1つといえます。そのようななかで、しんたいは新しい挑戦をはじめました。環境の変化や個人の事情で「人と人が集う交流の機会（集い）」が失われることがないよう、2021年に、コミュニケーション・アプリ「つどエール」を民間組織と共に開発しました。

現地の集いに参加することが難しい人でも、スマートフォンのアプリを通じて配信映像を見て、自宅などの遠隔地にいながらにして交流ができる、というものです。特に中山間地などの場合、定期的に健康教室を開催していて

つどエール画面（左）、地域住民が自身のスマートフォンにアプリを設定する様子（右）

も、気候や季節によって外へ出かけること自体が困難な場合もあります。「つどエール」を活用することで、参加のハードルを下げながら活動を継続・活発化させることができます。

　高齢者でもこうしたツールを使いこなせるよう、しんたいは、アプリの様々な活用場面を想定して、操作のしやすさに工夫をこらしています。活用のデータを会議や子ども・学生を対象とした教室などにも応用できるよう、多様な可能性を模索しながら普及を図っています。

人と人のつながりがもたらす生きがい

　健康でいることは、自分自身の意思で身体を動かし、自立した暮らしを営むうえで大切です。また、地域の人たちと共に地域活動や生涯学習、趣味、買い物、旅行などを楽しむことは生きることへの喜びや張り合い（生きがい）へとつながります。こうした健やかな住民が増えていけば、それだけ人の往来も増え、きっと活発なまちになるでしょう。重要なのは、1人ではなく、たとえ軽い運動であってもおしゃべりなどをしながら「仲間と一緒に」行うからこそ、健康づくりの継続・習慣化ができるということです。介護予防住民指導者養成講座の参加者も、地域の人たちがお互いに影響し合うことが健康づくりにつながるのだ、という意識で取り組んでいます。大切なことはリアルでもオンラインでも、人々にとって地域社会のなかで自分の存在を感じられる場所があり、交流を通じて心身の健康を維持するサイクルを回し続けることです。

　しんたいは、地域の様々な主体をつなぎ、健康づくりを推進するために、行政、地域住民と共にこれからも挑戦を続けていきます。

（稲垣　円）

【基本情報】

名称	公益財団法人身体教育医学研究所
おもな活動	身体と心と絆を育み、誰もが地域で健やかに暮らし続けるための研究実践に取り組む団体
所在	長野県東御市布下6番地1
公式サイト	https://pedam.org/

【取材協力】 敬称略・肩書は取材当時（2023年3月時点）

岡田真平（公益財団法人身体教育医学研究所 研究所長）

横井佳代（公益財団法人身体教育医学研究所 指導員）

笹本和宏（社会福祉法人みまき福祉会 在宅総合支援センター みまきの家 センター次長）

田中朋子（東御市役所 健康福祉部 福祉課 地域包括支援係 係長）

渡邉恵美子（東御市役所 健康福祉部 福祉課 地域包括支援 センター 保健師）

介護予防住民指導者養成講座 参加者のみなさん

注
1）要介護度をもとにした「健康寿命」とは、介護保険における要介護度2以上の認定者数等から「不健康な期間の平均」を算出し、これを平均余命から減じたもの（推計値）。
2）戦時下の困難な生活環境の中で、住民の生活環境の改善のために活動していた保健師とそれを主婦たちが手伝うところから生まれた自主的組織。現在は、県内の約半数の自治体で独自の名称で活動している。東御市も、令和3年（2021年）に保健補導員から「健康づくり推進員」に名称変更した。
3）稲垣円「Withコロナの地域コミュニティ〜変化する生活者の意識、地域活動のこれから〜」第一生命経済研究所 2022年11月

参考文献
岡田真平、武藤芳照、飯島裕一『信州東御・ケアポートみまき 地域ぐるみのケアと予防の歩み』厚生科学研究所　2009年
公益財団法人身体教育医学研究所ホームページ（https://pedam.org/）
東御市公式ホームページ（https://www.city.tomi.nagano.jp/）
一般社団法人 信州とうみ観光協会（https://tomikan.jp/about/）
つどエール（https://www.tsudo-yell.net/）

病気・障害を抱えても、ウェルビーイングに暮らすには

病気や障害は誰にも起こりうる

　日常生活に支障をきたすような病気にかかったり、障害を抱えたりすることは、誰にでも起こりえます。しかし、実際にそうなることを想定し、備えることができている人は多くないのではないでしょうか。

　ウェルビーイングに暮らすためには心身の健康が重要です。しかし、自身や家族のライフデザインを考えるうえで、病気や障害を抱える可能性も視野に入れておくべきでしょう。そうすれば、もし身体的健康を損ねても、主体的にライフデザインを描き、周囲の理解と支援を得ながら、よりウェルビーイングな生活を目指すことができるのです。

病気・障害が生活に与える影響は様々

　年齢を重ねるにつれて、病気にかかる可能性は高くなります。図4-1をみると、20代以降、年齢が高まるほど医療機関にかかる人が多くなることがわかります。

　病気やケガにより障害を抱える原因は、不慮の事故なども含め様々です。年齢に比例するとも一概にはいえません。いずれにしても、厚生労働省によると、わが国の障害者は1,160.2万人で、全人口の約9.2%に相当し、かつ増加傾向にあります。

　また、病気や障害を負うリスクは絶えず変化しています。病気になるリスクは、高血圧、糖尿病、がんなどのいわゆる生活習慣病に代表されるように、加齢と共に高まる傾向にあり、脳卒中やアルツハイマー病などが原因で障害を抱える可能性も高くなります。環境要因も健康や病気のリスクに影響します。たとえば、大気汚染や化学物質、水質汚染などが、がん、呼吸器疾患、アレルギーなどの罹患リスクを高めるといわれています。生活状況の変

図4-1　年齢階級別にみた受療割合（人口10万人対）

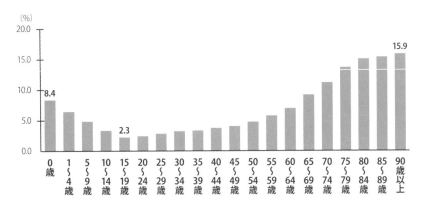

注：人口10万人あたりの受療者数を百分率で表示した
資料：厚生労働省「令和2年（2020）患者調査」より作成

化も、病気や障害のリスクに影響を与えます。仕事を失ったり、家族が病気を患ったりするなどの生活環境の変化から生じる心身への負担は、病気や障害のリスクを高めるでしょう。

　病気や障害に伴う不安は、治療や回復の不透明性から生じることに加え、生活費の確保や治療費の負担などの経済面、身体の変化や行動制限などの健康面、失職や家族関係の変化など人とのつながりの面からも生じます。

　したがって健康面だけでなく、経済的、社会的な側面も含めて、総合的に生活の安定・充実を図る必要があると考えられます。

3つの人生資産は相互に補完できる

　ウェルビーイングで幸せな人生をおくるには、3つの人生資産である「健康」「お金」「つながり」を、自分なりに充実させていくことが大切です。たとえ病気や障害を抱えていても、これらの人生資産を活用することで、主観的な健康を保ち、ウェルビーイングに暮らすことができます。3つの人生資産をバランスよく充実させていくことが理想ではありますが、それぞれの人生資産を相互に補完し合うこともできます。

　たとえば、健康を損ねてしまった場合でも、経済的な準備ができていれ

ば、必要な医療や介護、福祉のサービスを受けることができます。趣味や芸術鑑賞などを通じて生活の質を維持・向上させることもできるでしょう。経済的な不安のない療養生活のために、年金や貯蓄・投資などの手段を活用して金融資産を確保しておくことに加え、医療保険や介護保険への加入も検討すべきでしょう。

　人とのつながりについても、医療・介護等の専門家の支援はもとより、家族・職場の同僚・友人との交流が心身の充実につながり、ウェルビーイングを高めることができます。

　周囲の人々の理解を得ながら治療に取り組むうえでは、職場であれば上司、相談窓口であれば担当者など身近なキーパーソンに、自身の抱える問題や必要な支援を伝える必要があります。そのためには、病気や障害に詳しい専門職に相談し、周囲の人々の理解が得やすい情報を提供してもらうことが有効です。自分の状態を適切に知らせることで、周囲の協力・援助を得られやすくなるでしょう。

医療・介護・福祉制度等の活用

　ここでは、病気や障害を抱えた場合の支援制度を紹介します。

〈医療・福祉サービスの活用〉

　まず、医療費が高額になった場合には、公的医療保険制度の医療費助成制度（高額療養費、高額介護合算療養費）、傷病手当金の給付金制度を利用することができます。難病や障害などの要件に該当すれば、医療費を国や地方公共団体が助成する公費負担医療制度も利用できます。これらの自己負担の上限や助成額は、所得・世帯構成などによって異なるため、詳細は市区町村の役所に確認してください。

　また、福祉分野においては、自立支援医療として給付金制度を利用できます。これは、精神疾患の治療、身体障害の治療などの更生医療、身体障害がある子どもの治療育成医療を対象にしています。

　介護を必要とするようになった場合は、原則65歳以上であれば、介護保険サービスを利用できます。介護保険サービスは、要介護者を対象とする介

護給付と、要支援者を対象とする介護予防給付があり、全部で26種類54サービスと多岐にわたります。介護給付については、大きく3つ、居宅介護サービス、施設サービス、地域密着型介護サービスがあり、居宅介護サービスは、訪問看護・ホームヘルプ等の訪問サービス、デイサービス・デイケア等の通所サービス、短期入所サービスがあります。介護保険サービスの利用には介護保険の認定が必要なので、居住地の市町村役場、介護保険事務所に申請します。

　対象年齢外といった理由で介護保険サービスを利用できない場合は、地域の市町村・都道府県が主体の福祉サービスを利用することができます。介護給付や訓練等給付などの自立支援給付のほか、地域の生活支援事業として様々なサービスがあるので、必要に応じて検討しましょう。

〈仕事への対応〉

　障害を抱えた場合の働き方については、2020年10月から、自営等や企業で働く重度障害者等に対して、通勤や職場等における支援が開始され、利用できる地域も拡がりつつあります。これは、地方自治体が主体の地域生活支援事業における任意事業なので、利用にあたっては市町村等への申請が必要です。

　また、障害者就業・生活支援センターを利用することもできます。センター窓口での相談や職場訪問・家庭訪問などによって、就労と生活の両面の一体的な支援が提供されるほか、同センターでは、仕事への適応に関する相談や事業主への雇用管理上の助言などの支援も行っています。

　長期の療養休暇からの就労復帰については、政府が推進しているトライアングル型支援体制が普及しつつあります（図4-2）。これは、医療機関、労働者、企業（雇用主）の三者が協力して、病気やけがなどの健康問題に直面した労働者が働きながら治療を続けることを支援するものです。

　このトライアングル型支援の利用にあたっては、人事部や健康管理室など、勤務先の担当部署、健康保険組合や労働組合、通院している医療機関に相談しましょう。また、地域によっては、トライアングル型支援の利用を相談できる専門窓口が、労災病院や産業保健総合支援センターに設置されているほか、相談窓口が医療機関に設置されている場合があります。労働者健康

図4-2　トライアングル型支援のイメージ

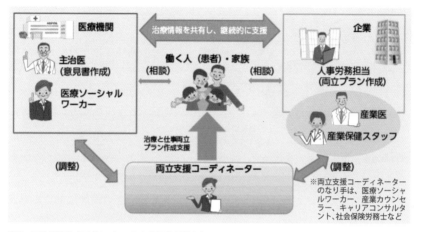

資料：厚生労働省「平成29（2017）年版厚生労働白書」

　安全機構のWebサイトでも確認できますので、そちらに問い合わせることも可能です（https://www.ryoritsushien.johas.go.jp/map.html）。

　治療や検査を受け続けなければならない病気になれば、家族、仕事、病気の見通し、体調、医療費負担などの心配ごとが顕在化します。日常生活の変化、病状進行の不安もあり、働くか、休んで治療・療養を進めるか、仕事を辞めるかといった選択を、自分自身や家族だけで決めてしまいがちになります。ここで大切なのは、最終決定する前に、専門職の人たちに相談してみることです。働くか、休むかの２択だけでなく、「療養しながら働く」という別の選択肢が見つかる可能性もあります。継続的な治療や検査が必要な病気になったからといって、すぐに離職しなければならないとは限らないのです。

　長期療養休暇等からの就労復帰については、医療的支援、職場の支援、産業医や両立支援コーディネーター等の専門職の支援、会社の独自制度や社会保障制度の利用、職場の配慮など多くの関係者の支援があります（図4-3）。

　入院や仕事復帰に必要な期間はケースバイケースですが、たとえば、厚生労働省「令和２年（2020）患者調査」によると、がんの平均在院日数は19.6日、心疾患（高血圧性を除く）は24.6日、脳血管疾患は77.4日となっています。がんは、手術や化学療法、放射線治療など治療方法によって異なりま

図4-3 治療と仕事の両立支援の関係者

資料：厚生労働省「治療を受けながら安心して働ける職場づくりのために」より作成

す。心筋梗塞の場合、通常1か月程度の入院が必要となり、退院後職場復帰までの期間は数か月から半年程度が必要とされています。脳卒中の治療には、通常1か月以上の入院が必要となり、職場復帰までの期間は数か月から1年以上かかることもあります。

　以上の期間はあくまで目安であり、病気の状態や治療方法、個人差などによって異なるため、医師や専門家のアドバイスを仰ぐことが大切です。また復帰時には、医師や労働環境の専門家に相談することで適切な支援を受けられます。

ライフデザインを通じ自分らしい健康を

　健康は目的ではなく、ウェルビーイングな人生を実現するための手段です。ウェルビーイング、すなわち心身のより良い状態とは、自分にとって何が幸福かを表す、主観的なものです。そのため、人それぞれの価値観や目標にもとづいたそれぞれの方法でアプローチすればよいのです。

　その意味でも、主体的にライフデザインに取り組むことが重要です。長期的視点で人生の方向性を明確にし、状況に応じて柔軟に見直します。健康資産を維持・増大させることは、ライフデザインに沿った健康的な暮らしを充実させるための土台にもなります。

　こうすれば絶対大丈夫という正解はありませんが、「健康」「お金」「つながり」の3つの人生資産を自分なりに選択し、組み合わせることによって、自分らしい生き方・暮らし方を実現していきましょう。

（後藤　博）

参考文献

厚生労働省 令和2（2020）年患者調査 2022年6月

厚生労働省 障害保健福祉部第28回障害福祉サービス等報酬改定検討チーム 2023年5月

厚生労働省「平成29（2017）年版 厚生労働白書」2017年11月

企業・健保組合による健康増進の取組み

健康経営の実践が生産性向上のカギに

　近年、従業員の健康増進を経営戦略に位置づけ、「健康経営」を推進する企業が増えています。企業が従業員の健康増進に取り組むことは、従業員の能力発揮や組織の活性化をもたらし、結果的に企業の業績や生産性向上につながると考えられるようになったためです。

　こうしたなかで、従業員の健康状態に関連して「アブセンティーズム（absenteeism）」「プレゼンティーズム（presenteeism）」という概念が注目を集めています。

　アブセンティーズムとは、病気や体調不良によって従業員が就業できない状態、プレゼンティーズムは、就業はしているものの、病気や体調不良で仕事に集中できず、結果的に業務能率が落ちた状態をいいます。これらは、企業側からみると、医療費（健康保険料）のような直接的なコストではありませんが、従業員の能力が十分発揮されないことで、間接的にコストがかかっている状態と捉えることもできます。

　米国で行われた研究では、心身の体調不良によって生じる健康関連コスト全体のうち医療費にかかる金額はおよそ1/4にすぎず、アブセンティーズムやプレゼンティーズム等の間接コストが3/4を占めるという結果が示されています（図5-1）。特にプレゼンティーズムによる間接コストは、健康関連コスト全体の半分以上を占めており、企業経営にとって大きな課題であることが指摘されています。その後、日本でも、日本企業を対象とした研究が東京

**図5-1 従業員の健康関連コストの全体構造
　　　（米国金融関連企業の事例）**

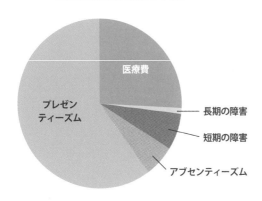

資料：厚生労働省保険局「コラボヘルスガイドライン」より作成
原出典：Partnership for Prevention and U.S. Chamber of Commerce,
"Healthy Workforce 2010 and Beyond", 2009.

大学によって行われ、数字の水準こそ違いはあるものの、米国とおおむね同様の結果が報告されています。

これらの問題に対して、アブセンティーズムは周りも把握しやすいため、本人に治療や休養を促して解決を図るなどの対応が比較的取りやすいといえます。しかし、プレゼンティーズムの場合、就業はしているため、問題が表面化しにくく、職場の個別対応だけではなかなか解決しづらいと指摘されています。この問題を解決するには、職場の個別対応だけでなく、従業員の健康づくりに対する知識や意識の改善、ワークライフバランスを含む健康的な職場環境づくり、メンタルヘルスへの対応などに企業全体で取り組むこと、つまり、健康経営の推進が必要であると考えられます。

こうしたことから経済産業省では、健康経営を後押しするため、健康経営に取り組む法人を「見える化」する取組みを行っています。具体的には、東証上場企業を対象とする「健康経営銘柄」や、一般企業・法人を対象とする「健康経営優良法人認定制度」を創設し、優れた取組みを行う企業・法人を顕彰することで健康経営を推進しています。企業にとっては、投資家に対するアピールや企業の社会的な評価向上にもつながるため、これらの制度に対する関心は高く、たとえば、健康経営優良法人認定制度の認定法人数は年々増加し、制度が開始された2016年度から直近の2021年度までの6年間で、14,000社超（大規模法人と中小規模法人の合計の数値）に達しています（図5-2）。

一方、健康保険組合などの保険者は、従来から保健事業として、加入者の傷病発生の防止や重症化予防、健康の保持増進などに取り組んできました

図5-2 健康経営優良法人認定数の推移

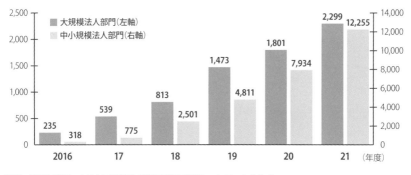

資料：経済産業省ヘルスケア産業課「健康経営の推進について」より作成

が、近年、厚生労働省は、加入者の健康・医療データを活用し、個人の状況に応じた保健指導や効果的な予防・健康づくりを行うことを推進しています。

これを「データヘルス」といい、2015年より「データヘルス計画」の策定・実施等が各保険者に義務付けられています。具体的には、健康診査や診療報酬のデータを使って分析を行い、加入者の健康課題を明確にしたうえで、集団全体の健康づくりに向けた施策や、生活習慣病の発症・重症化を予防するための特定健康診査、特定保健指導などの取組みを、PDCAを回しながら計画・実施することが求められています。

「健康経営」と「データヘルス」は、それぞれ経済産業省と厚生労働省が連携しながら進められていますが、近年、健康的な職場環境の整備や従業員の健康意識・生活習慣の改善を、企業（事業主）と健保組合等が協働して行う「コラボヘルス」も増えてきています。協働によって、より大きな効果が生まれることが期待されています。

健康に良い行動を取るための理論

健康に良いとされる行動を「健康行動」といいます。たとえば、適度な運動を行ったり、食事の栄養バランスに気をつけたり、十分な睡眠をとることなどが該当します。また、病気になったときにしっかり受診することも健康

行動です。

　健康保険組合等の保険者における健康づくりの場合、その手法には「ポピュレーションアプローチ」と「ハイリスクアプローチ」の大きく2つがあります。ポピュレーションアプローチとは、集団全体を対象に健康行動を促す施策を行うことで、疾病リスクを全体的に少しずつ引き下げようとするものです。一方、ハイリスクアプローチは、健康診断などで疾病リスクの高い個人を抽出し、生活習慣の改善指導や治療などを通じて、高リスクの人をピンポイントで減らそうとするものになります。

　疾病の予防や健康づくりのためには、両者のアプローチを適切に組み合わせて行うことが大事だとされています。ただ、多くの場合、人間の習慣的な行動を変化させること（行動変容）が必要になるため、どのように働きかければ効果的なのか、各保険者でも試行錯誤をしながら推進しているのが実態です。

　健康教育や保健指導などによる行動変容を効果的に進めるため、人が健康行動を取るために何が大事かということについては、様々な研究がされています。ここでは、世界的によく知られている健康行動理論のモデルの1つとして、「ヘルスビリーフモデル（health belief model）」を紹介します。

　ヘルスビリーフモデルとは、人が健康行動を取るためにはその人がもっているビリーフ＝「主観的な認識（信念）」がポイントになるという考え方で、個人の主観や心理的要因に着目したものです。

　具体的には、ヘルスビリーフモデルでは、疾病の「脅威の認識」と、健康行動を取ることによる「メリットと障害のバランスの認識」が、健康行動の実践に影響するとされています。

　ヘルスビリーフモデルのプロセスを図で示すと図5-3のようになります。

① 「疾病の脅威」の認識

　まず、人は何かのきっかけで、「病気になる可能性」や「病気にかかった場合の影響（深刻さ）」を気にするようになります。そして、これらが大きいほど、「疾病の脅威（リスク）」も大きいと感じ、「このままではマズイ」という危機感をもつようになります。

②健康行動のメリットと障害のバランス

　次に、健康行動を取ることによるメリットと障害のバランスが大事になってきます。ある健康行動によって「疾病の脅威」を軽減できると思えるのであれば、それは、「健康行動のメリット」になります。たとえば、減量することによって糖尿病になるリスクが抑えられると思えるかどうか、ということです。一方、「健康行動の障害」とは、健康行動を取るうえで生じる「良くないこと」全般を指し、たとえば、ダイエットするのは面倒、運動する時間がないなど、本人が思う様々な障害が含まれます。

　ヘルスビリーフモデルでは、このように本人が認識する健康行動のメリットと障害を比較して、メリットのほうが自分にとって大きいと判断した場合に、健康行動に取り組む可能性が高くなると考えます。

③自己効力感による後押し

　また、実際に行動に移すには、これらの動機付けに加えて、「自分ならできる・続けられる」という自信（「自己効力感」）も重要とされています。健康行動の実践・継続に自信がもてないのであれば、最初からあきらめて、健康行動には移らないと考えられるためです。

図5-3　ヘルスビリーフモデル

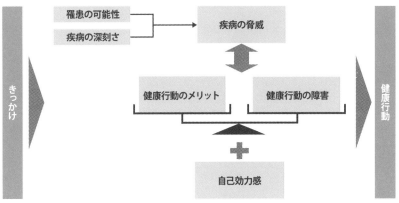

資料：当研究所作成

このような主観的な認識にもとづく意思決定プロセスを経て、健康行動のための行動変容に至ると考えるのが、ヘルスビリーフモデルです。

ヘルスリテラシーの重要性

　ただし、人は必ずしもヘルスビリーフモデルが示すように合理的に行動するとは限りません。目先の損失を過大に評価してそれを避けたり、新しい行動よりも現状維持をしようとしたりする「心のくせ」があることが知られています。これを認知バイアスといい、ものごとの認識そのものにバイアスがかかると、客観的に良いことでも、なかなか行動に移せなくなります。

　そのため、個人の健康づくりの取組みであっても、集団での取組みであっても、このような「心のくせ」があることを知ったうえで、アプローチの仕方などを工夫することが大事になります。

　たとえば、健康診断の結果、血糖値に異常が見つかり、食生活の改善や運動などを医師から勧められたとします。心の中では健康行動を取ったほうが良いと思っているのに取れないのはなぜでしょうか。「忙しくて時間がない」「何をしたら良いかわからない」「運動するにもお金がかかる」など様々な理由があるかもしれません。

　このようなときは、健康行動を取るメリットとデメリットをリストアップすることをおすすめします。そのうえで、自分にとって特に重要なものについて、より詳しく考えたり情報収集したりすることで認識が深まります。直感的にデメリットが大きく、やりたくないと感じていても、ひと呼吸おいて冷静に考えると、意外にメリットのほうが大きいと納得できたり、デメリットを減らす工夫を考え付くことができるかもしれません。

　また、健康行動を取るかどうかは、最終的に個人の認識によって決定されますが、その認識は個人が属する家族や仲間、コミュニティといった外部環境の影響を受けます。たとえば、昔よりも喫煙者の数は少なくなりましたが、これは単に喫煙者個人に直接働きかけただけでなく、喫煙に関する法整備や禁煙運動によって、外部環境である社会の価値観や認識が変わったことが個人の認識にも影響し、喫煙が減ったと考えられます。

　健康や医療に関する情報を入手し、正しく理解して活用したり、行動する

能力を「ヘルスリテラシー」といいますが、ヘルスリテラシーは、個人とし
て情報収集したり、情報を正しく評価して行動する力を鍛えるといったこと
に加えて、外部環境を変えることでも高めることができます。健康経営など
の取組みも、企業全体で健康に対する価値観や認識を変えることで、従業員
のヘルスリテラシーを高めるものだと捉えることができます。

■ 企業・健保組合における健康増進の取組み例

　以下では、当研究所で行った、先進的に健康経営に取り組む5つの企業・
健保組合（製造業2社、金融業1社、小売業1社、運輸業1社）へのインタ
ビュー調査[1] から、企業・健保組合における健康増進の取組みについて、ヘ
ルスビリーフモデルの枠組みにもとづいて解説します。

①健康行動の必要性を認識させる

　職場の健康診査は、ヘルスビリーフモデルにおける「疾病の脅威の認識」
という点で大きな役割を果たしているといえます。さらに企業・健保組合で
は、疾病の脅威に気づくきっかけとなることを期待して、健康診査以外でも
様々な情報を提供していますが、従業員がその情報に気づかなかったり、興
味をもたなかったりすることが少なくありません。

　この問題に対して、インタビュー先企業では、疾病や健康増進に関する本
格的な必修研修を用意したり、一定年齢以上になると研修参加にインセン
ティブを付けるなどの取組みを通して、疾病や健康増進に関する知識・情報
を得る機会を、人材育成や人事政策に組み込んでいる事例が多くみられま
す。

　また、職場内で健康に関心が高い従業員を選抜して健康増進のためのリー
ダーを育てようとする取組みもあります。会社や健保組合からの単なる情報
提供よりも職場の身近な人からの働きかけのほうが届きやすく、健康行動を
取る効果が高いと考えてのことです。職場にリーダーを据えることで、健康
に関する意識を草の根的に根付かせ、徐々に広げることで企業風土にしてい
こうという狙いもあるようです。

　もっともこのような取組みも、企業のトップ（社長や役員）の健康経営に

本気で取り組むのだというメッセージが従業員に届いていることが重要です。そうでなければ、従業員には単にやらされ感が残るだけです。企業が目指す方向性（ビジョンやパーパス）とリンクして健康経営が位置づけられ、会社の方針として取り組まれていることが大前提になります。ただのお題目と受け取られないよう、社長や役員自らが、自身の健康行動を従業員に公表し健康増進のための社内イベントにも積極的に参加したりする例も多くみられます。

②メリットと障害の認識

　インタビュー先の企業・健保組合でも、ポピュレーションアプローチとハイリスクアプローチの両面から健康増進に取り組み、様々な情報提供を行っています。

　しかし、一般的な健康情報は自分との関連が想像しづらく、結局のところ、他人ごととして捉えられがちです。このため、健康行動のメリットを本人の趣向に合わせたり、リアルに感じさせたりする形で発信することが重要と考えられます。

　あるインタビュー先企業では、健康教育の場面で、単に「長生きできる」「好きなことをできる」といった抽象的なメリットを説くだけではなく、お酒好きな人に対しては、「健康を損なうとお酒をおいしく飲めなくなる」、旅行が好きな人には、「健康に動けるからこそ、旅行を通じて様々な楽しみが得られる」など、伝え方を工夫していました。具体的なイメージほど、人はリスクやメリットを感じやすいという心理上の特性を踏まえた手法といえます。自分ごと化してもらうため、健康行動を自身で具体的に検討してもらう、といったことも行われていました。

　手間や費用といった健康行動に対する障害を軽減する対策は多く、たとえば人間ドックの受診にかかる費用を軽減・無償化したり、被扶養者（配偶者）の定期健診について、生活状況に応じて受診方法を選択できるようにすることで、負担を軽減することなどが挙げられます。

　インタビュー先企業では、禁煙外来の費用や生活習慣改善プログラムの参加費用などを無償にして受診を促進する事例もみられました。家庭で簡単に再現できるおいしい健康食を社員食堂で提供し、作り方も公開することで、

食事管理の負担を軽減する企業もありました。

③自信の醸成、自己効力感

　健康行動を取るようになるためには、「自分ならできる・続けられる」という自信（「自己効力感」）も重要です。

　おいしい健康食について実体験と共に作り方を教えたり、実際に運動を体験してもらう方法も、「できる」という自信を育むうえで効果があると考えられます。

　また、健康行動をはじめたとしても、自分1人でそれを継続するのは簡単ではありません。しかし、自分以外の誰かの後押しや応援が、健康行動を継続する大きな力になることがあります。そうした周囲の力を活用する事例としては、同僚などのチーム単位で参加するウォーキングなどのイベント開催がみられました。また、こうしたイベントに従業員の家族も参加できるようにして、職場だけでなく家族からの後押しも活用する取組みも行われていました。

　病気の予防や健康づくりのためには、健康行動を取ることが重要ですが、わかっているのになかなか実行できないということは誰しも経験していると思います。健康保険組合だけでなく、国民健康保険（市町村）などの保険者も、健康づくりのため、様々な情報発信や取組みを行っています。1人で健康づくりに取り組む自信がない場合は、保険者からの情報を活用したり、イベントに参加したりするのも1つの手と考えられます。

（丹下博史）

注
1)「健康経営銘柄」「ホワイト500」に選出・認定されている企業5社（製造業2社、金融業1社、小売業1社、運輸業1社）を対象に当研究所が実施したインタビュー調査。おもにポピュレーションアプローチを中心とした健康増進の取組みについて聴取。

参考文献
厚生労働省保険局「データヘルス・健康経営を推進するためのコラボヘルスガイドライン」
　2017年7月

厚生労働省保険局・健康保険組合連合会「データヘルス計画作成の手引き（改訂版）」
　2017年9月

中山和弘『これからのヘルスリテラシー 健康を決める力』講談社 2022年

福田洋「健康経営とヘルスリテラシー」予防医学第61号（2020）、19-28

健康を保つうえでの「移動手段」を考える

日本における日々の移動手段の現状と課題

　高齢化の進展に伴い、高齢者の運転に関する安全性の確保が課題となっています。高齢者のアクセルとブレーキの踏み間違いによる事故のニュースも多く、「いつ運転免許を返納するか」という問題に直面している高齢者や、高齢の家族の免許返納時期に悩む人も少なくありません。

　日常的に自家用車を移動手段としていた人にとって、高齢になったからといって運転をやめれば、暮らしが成り立ちません。家族が代わりにドライバーをするにしても限界があるでしょう。免許返納等で移動や運転の楽しみを失い、心身に不調をきたす高齢者もいるようです。

　自家用車での移動が難しいのであれば、都市部のように地方でも車の代替となる公共交通を充実させれば良いと思う人もいるでしょう。しかし、鉄道、路線バスなどの公共交通の多くは地方で特に採算がとれず、経営難から廃路線も相次いでいるのが現状です。人口減少で利用者が減っているだけでなく、交通事業者の労働者不足も深刻です。バスやタクシー等の商業ドライバーの高齢化も指摘されており、その観点からも事業の存続が危ぶまれています。また、仮に公共交通があったとしても、それまで自家用車で自宅から目的地まで移動していた人にとって、「駅や停留所に行く」「時刻表を確認して移動計画を立てる」といったライフスタイルへの転換が難しいという声もあります。加えて、都市部でも「加齢により足腰が弱ってきたので公共交通より自家用車」という選択をする人もおり、単に公共交通があれば解決するわけではありません。

　現在の日本では、6割近くの人が「今住んでいる場所に高齢期も住み続けたい」と考えており（図6-1）、特に60代では7割以上がそう回答しています。一方で、「高齢期の移動手段に不安がある」と思っている人が半数近くに達し、「今住んでいる地域では、高齢期に自動車がないと生活ができない」と考える人は増加傾向で4割を超えています。ウェルビーイングな暮らしを維持するうえで、移動手段の確保は喫緊の課題なのです。

図6-1　高齢期の移動に関する意識

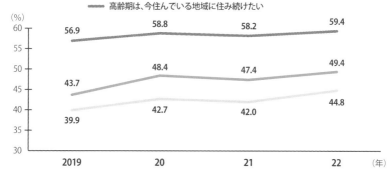

注：「あてはまる」「どちらかといえばあてはまる」の合計
資料：経済産業省・国土交通省・内閣府SIP「第1～4回自動車・自動運転に関するアンケート」より作成。
　　調査対象者は18～69歳

「移動できること」と健康・幸福度の関係

　コロナ禍を機にリモートワークができるようになり、宅配やインターネットショッピングを利用し、映画やゲームなどの娯楽も自宅で楽しめ、テレビ電話などで離れて暮らす家族や友人とコミュニケーションが取れるようになった今日、必ずしも移動を伴わなくても、多くのことが便利にできるようになりました。

　一方でコロナ禍において、リアルにはリアルならではの良さがあることも、多くの人が身をもって体感したのではないかと思います。これまで「無駄な時間」だと思っていた移動時間が唯一の運動の機会だったこと、移動中の景色の変化やスマホ閲覧の時間が気晴らしの機会になっていたこと、お店

での店員との対面でのやり取りが貴重な会話の機会だったこと、やや面倒だと思っていた人付き合いの時間が自分を顧みる機会になっていたことなどに気づいた人もいたかもしれません。わざわざ移動する、自ら足を運んで何かをするということは、私たちの心身の健康維持や「嬉しい」「楽しい」といった幸せの体感に大きな影響を及ぼしているのです。

　実際に移動と幸福度との関係をみると、総じて移動への満足度が高い人は幸福度得点が高く、特に60代で移動への満足度が高い人の幸福度得点が高いことがわかります。また、自家用車依存度別にみると、自家用車依存度が高い人のほうが幸福度得点が高くなっています（図6-2）。自家用車で自由に移動できることが幸福度につながっているとなると、それを手放すことがいかにハードルの高いものであるかがうかがえます。

図6-2　移動満足度の高低別にみた幸福度得点（年代別、自家用車依存度別）

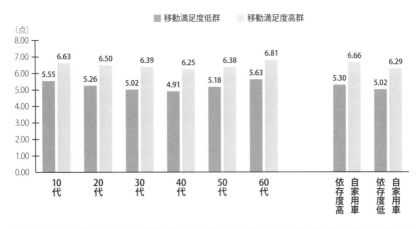

注：移動満足度：「あなたの、現在の移動状況における満足度（移動の自由度や移動手段の有無・利便性などを総合して）はどのくらいですか」について0〜10点で自己評価
　　幸福度得点：「現在、あなたはどの程度幸せですか。『とても不幸』を0点、『とても幸せ』を10点とすると、何点くらいになると思いますか」について0〜10点で自己評価
資料：経済産業省・国土交通省・内閣府SIP「第4回自動車・自動運転に関するアンケート」（2022年1月）
　　調査対象者は18〜69歳

多様な移動手段の可能性模索の意義

　運転免許を保有していない高齢者や、公共交通が不便な地域に住んでいる

高齢者は、外出機会が少なくなる傾向にあるなど、高齢者の移動課題はすでに顕在化しています。これらに対し、コンパクトで利便性の高いまち（スマートシティ）づくりが進められると共に、各地域の交通事情に鑑みて、外出機会を創出するような、自家用車に代わる移動手段や施策が講じられています。

　たとえば、地域を回るコミュニティバスや、利用者の必要に応じて呼ぶデマンド交通を設けたり、手軽な移動手段としてシェアサイクル（地域での共有自転車）や電動キックボードの普及を推進している地域もあります。「グリーンスローモビリティ（グリスロ）」といわれる時速20キロ以下の電動自動車を地域に回遊させたり、電動車いすを障害者の福祉機器としてだけでなく移動手段として活用しようとする動きもあります。日本では自家用車で有償の旅客サービスを行うことは法律で禁じられていますが、バス、タクシーだけでは十分な移動サービスが提供されない地域などでの移動手段を確保するため、「自家用有償旅客運送」という形で国土交通大臣の登録を受け、自治体やNPOが自家用車を用いて有償運送するケースもあります。また、「自動運転バス」を地域で循環させる試みも全国各地で行われています。

　さらに現在、一人ひとりの移動ニーズに対応して、複数の公共交通やそれ以外の移動サービスを最適に組み合わせ、スマートフォンなどで検索・予約・決済等を一括で行う「MaaS（マース：Mobility as a Service）」を国が推進しています。これは移動に関する課題だけでなく、健康維持や環境対策等を視野に入れた総合的な社会課題解決策として、世界各国で進められているプロジェクトです。多様な交通機関を簡単に使えるという利点から、国内ではインバウンド観光での活用も期待されています。

　単純に採算性だけを考えれば、少なくとも実装初期に黒字で運営できる事業は多くないでしょう。しかし、こうした動きが人々の健康増進を後押しし、幸せを体感する機会を提供することで、多様な派生効果が期待できます。たとえば、高齢者が自分自身で行きたいところに自由に行けるという、自立した移動を重ねることで健康寿命を延ばすことは、医療費や社会保障費の低減につながるだけでなく、高齢者本人の家族や介助者の負担も軽減させます。地域の回遊性が高まり、消費が喚起されて経済が活性化すれば、地域が豊かになります。それにより雇用が創出されれば、地域からの人口流出に

も歯止めがかかるかもしれません。

　こうした動きに地域の人々が賛同し協力することは、最終的に地域を守ることにつながり、「現在住んでいる場所に高齢期も住み続けたい」という人々自身の願いを叶えることにつながるのです。

生活者として一人ひとりに何ができるのか

　私たちが今の地域に安心して住み続けつつ、地域が維持・活性化されるうえで、「移動性（モビリティ）」を高めることには大きな意義があります。このために、一般の生活者一人ひとりには何ができるでしょうか。

　まずは、運転支援機能（衝突被害軽減ブレーキ、アクセルとブレーキの踏み間違い防止機能など）が搭載されたクルマに乗り換えて自家用車の安全性を強化する、将来的な免許返納を見据えて公共交通を使う生活を徐々に取り入れるなど、今できる対策をはじめることが第一歩です。スマホのアプリを使った移動手段の予約や手配にチャレンジするのも良いでしょう。そうした取組みや検討は、自分の現在と将来の移動手段を「モビリティ・ライフデザイン」として見直すことにつながり、必然的に地域の現状や課題を認識することにもなります。

　現在、全国で自動車の自動運転の実証実験が展開されていますが、このような新しい技術を安全かつ効果的に使うためには、「使う側の理解と配慮（受容）」が非常に重要です。新しい移動手段を社会に実装させていく過程においては、様々な法改正やルール策定だけでなく、人々の意識を醸成していくことが欠かせません。

　これに関して、自分たちの地域に愛着があり、自分たちで良くしていこうという意識がある地域では、自動運転に対する受け入れ姿勢が高いことが確認されています[1]。このことは、地域への思いやつながりが、新しい技術の有効活用に前向きで、導入にも協力的な風土を生み、さらに地域を活性化させていく可能性を示しています。

　移動性（モビリティ）の高さは私たちを心身共に健康にし、幸せを体感させてくれるものです。地域における新しい仕組みを育ててその安全性を高めるのは、事業者だけでなく生活者自身でもあるという点について、今改めて

考えてみる必要があるのではないでしょうか。

（宮木由貴子）

注

1) 経済産業省・国土交通省調査として実施した「自動車・自動運転に関するアンケート」
   （2019年〜2022年に4回実施）より（当研究所が2018年度より調査受託。第3回・第4
   回調査は内閣府SIPとのジョイント調査）。

第2部
お金

第3章
家計と資産

第4章
働き方

第**3**章　家計と資産

7　ウェルビーイングとお金

　序章でも述べたように、「お金」は幸せな人生をおくるための3つの人生資産の1つです。この章では、これまで行われてきた研究やアンケート調査で得られた分析からウェルビーイングとお金の関係について考えると共に、家計と資産の健全性を保つヒントを探ります。

金融資産を積み上げても幸せの実感には限界

　「人生100年時代」という表現が広まって数年以上経ちましたが、現在多くの若い世代が抱えるのは、自身の未来や長い老後における、お金に対するあいまいで漠然とした不安のようです。そのため、若者のなかには消費を抑制し、しっかりと貯蓄をする人が多いといわれています。貯蓄自体は大事な行為ですが、将来への不安から、自身の夢や目標のための学習や挑戦を犠牲にしてまで節約を行う人生は幸せだといえるのでしょうか。自身の人生設計がまだ明確でない状況で、「お金を貯めれば貯めるほど、自分自身や家族の人生の幸せにつながる」という考えは、はたして正しいのか。ここで私たちが確認したいのは、その問いに対する答えです。

　図7-1で金融資産の額とそれに伴う幸福度を比較すると、資産がない人の4.9点から、3,000〜5,000万円の資産をもつ人で6.6点と、金融資産が増え

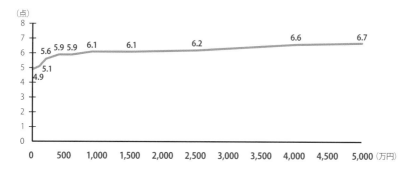

図7-1　家計の金融資産と幸福度得点

注：幸福度得点は、現在の生活の満足度について0点（まったく満足していない）から10点（非常に満足している）までの回答を集計
資料：第一生命経済研究所「第12回ライフデザインに関する調査」2023年3月実施

るにつれて幸福度も上昇しているようにみえます。しかし、資産額が増えるにつれて上昇度合いは縮小し、金融資産が500〜700万円くらいから頭打ち傾向が鮮明です。

　つまり、金融資産を蓄えれば蓄えるほど、それに比例して幸福度も上昇するわけではない、ということを意味しています。

家計満足度が上がれば金融資産を増やすよりハッピーに

　一方、今回調べた家計と資産の満足度（以下、家計満足度）と幸福度の関係をみると、家計満足度が上昇すればするほど、幸福度得点は右肩上がりに上昇することがわかっています（図7-2）。

　図7-1と合わせてみると、家計満足度を6まで高めることができれば、幸福度得点は6.6点となり、金融資産を4,000万円貯めるのと変わらない幸福度を得られることになります。

　それでは、どうすれば家計満足度を高められるのでしょうか。家計満足度への影響が大きい要因をみると、4割近くの人が「将来の収入」や現在の「世帯総収入」を選んでいます。以下、現在の「世帯総支出」「将来の負担」といった要因が続きます（図7-3）。つまり、現在の家計の収支をうまくコントロールし、老後を含めた将来の家計の見通しを立てられるかどうかが、家計満足

度を決める大きな要因になっているようです。

図7-2　家計満足度別・幸福度得点

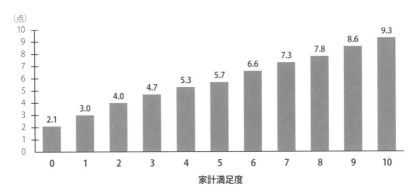

注：家計満足度は家計と資産の満足度について0点（まったく満足していない）から10点（非常に満足している）までの回答を集計
資料：第一生命経済研究所「第12回ライフデザインに関する調査」2023年3月実施

図7-3　家計満足度に影響する要因

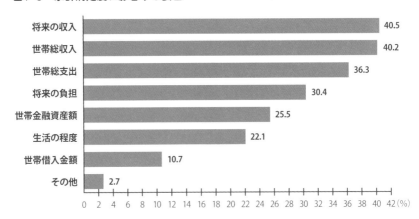

資料：第一生命経済研究所「第12回ライフデザインに関する調査」2023年3月実施

人生を楽しむ選択肢を増やす
ファイナンシャル・ウェルビーイング

　家計をコントロールし、経済面で自分が幸せだと感じる状態につなげるため、最近アメリカやイギリスで注目を集めている考え方が「ファイナンシャル・ウェルビーイング」です。

　ファイナンシャル・ウェルビーイングとは、「現在および将来の金銭的な債務を十分に支払うことができ、将来の自身の経済面に安心感を持ち、人生を楽しむための選択ができる状態」（アメリカ金融消費者保護局〈Consumer Financial Protection Bureau〉の定義）を指します。

　ファイナンシャル・ウェルビーイングには、4つの要素があるとされています（図7-4）。横軸に「現在」と「将来」という時点の要素、縦軸に「経済的な備え」という守りの要素と「選択の自由」という前向きな要素を置いています。「現在」の「経済的な備え」でいうと、月々や日々の家計をコントロールすること、「将来」に向けては、ふいに襲い掛かる経済的なショック（たとえば、自分や家族の病気・ケガに伴う入院や収入の途絶など）を吸収する能力があることがキーとなっています。一方、「選択の自由」については、「現在」の人生を楽しむための経済的な自由度が確保されていること、「将来」の経済的な目標を達成するための軌道に乗っていると実感できることが挙げられています。この4つがクリアできているほど、ファイナンシャル・ウェルビーイングが高まるということです。

　つまり、ファイナンシャル・ウェルビーイングとは、お金の面で現在はもちろん、将来も安心できるようにし、人生を楽しむため、計画的にお金を使える状態を実現することだといえるでしょう。

図7-4　ファイナンシャル・ウェルビーイングの4つの要素

	現在	将来
経済的な備え	月々や日々の家計をコントロールすること	経済的なショックを吸収する能力があること
選択の自由	人生を楽しむための選択ができる経済的な自由があること	経済的な目標を達成するための軌道に乗っていること

資料：Consumer Financial Protection Bureau, "Financial well-being in America", 2017, P14より当研究所にて翻訳

それでは、ファイナンシャル・ウェルビーイングが高いと幸福度も高まるのでしょうか。両者の関係をわかりやすくみるため、0〜100点と幅広く分布するファイナンシャル・ウェルビーイング点数を5区分に集約して、区分ごとの幸福度得点をみたのが図7-5です。これをみると、ファイナンシャル・ウェルビーイングが高ければ高いほど幸福度得点が高まっていることがわかります。

図7-5　ファイナンシャル・ウェルビーイング点数5区分別・幸福度得点

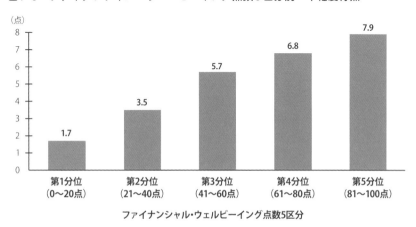

注：ファイナンシャル・ウェルビーイングの点数は「自分はお金が足りなくて人生で欲しいものをあきらめざるをえないと思う」「自分はふいの出費に備える余裕がない」「自分は今ある貯蓄とこれからの貯蓄で将来やっていけるか心配である」「毎月の収入から支出（借入金の返済含む）を差し引くとお金が残る」「家計の制約で生活に不自由する」の5つの質問に対する回答から算出
資料：第一生命経済研究所「第12回ライフデザインに関する調査」2023年3月実施

　ファイナンシャル・ウェルビーイングの向上に必要なのは、金融に関する知識を向上させ、緊急時の予備資金を確保したり、住宅ローンなどの借入金の順調な返済プランを立てたりすることなどです。それらに向けて最も大事なのは、自分自身のライフプランを考え、夢や目標を定めて資産形成に取り組むことです。かつて、老後に2,000万円必要ということが話題になりましたが、一般家計の平均的な金額で考えるのではなく、自分の状況を見据えたうえでどの程度の金額が今後必要になるかを確認してください。漠然とした不安に駆られて、がむしゃらに節約に励んだとしても苦しいだけです。投機的な資産運用に走って、リスクを取りすぎた結果、資産を失うようなことに

なれば後悔にさいなまれるかもしれません。いずれも持続的な幸せを実感できる状態とはいえないでしょう。

ファイナンシャル・ウェルビーイングへの架け橋、ライフデザイン

それでは、お金と幸せを結ぶファイナンシャル・ウェルビーイングを実現するにはどうすればよいのでしょうか。

1つの方法は、将来の見通しや夢、目標を描いたうえで、現在だけではなく将来まで見据えて収入や支出を含むライフプランを作成し、自身のお金の実情に対する理解を深めることです。

当研究所が行ったアンケート調査では、ライフプランについて、仕事や学業、家庭生活、余暇生活、老後の生活等多様な面を含んだ「ライフデザイン」として考えているかどうかを聞いています。このライフデザインとファイナンシャル・ウェルビーイングの関係をみると、自分自身のライフデザインについて深く考えている人ほど、ファイナンシャル・ウェルビーイングが高いことがわかります（図7-6）。

つまり、ライフデザインを行うことは、ファイナンシャル・ウェルビーイ

図7-6　ライフデザインの状況別にみたファイナンシャル・ウェルビーイング点数

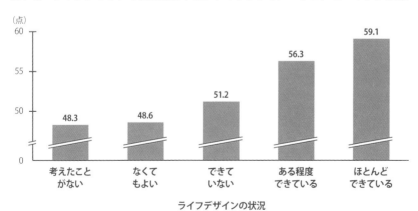

資料：第一生命経済研究所「第12回ライフデザインに関する調査」2023年3月実施

ングを実感するのに役立つ可能性があるのです。こうした傾向は、若い人などまだ金融資産の面で余裕がない人にもあてはまります。

　実際、ライフデザインができている人は、将来に向けて家計をコントロールし、積極的な資産形成に取り組む傾向があるようです。その1つの証左として、ライフデザインとリスク性資産保有の関係をみます（図7-7）。これをみると、ライフデザインを考えたことがないという層の8.8％から、ほとんどできているという層の49.3％にかけてリスク性資産の保有割合が大きく上昇しています。ライフデザインが人々の夢や目標に向けた資産形成の後押しとなっていることがよくわかります。

図7-7　ライフデザインの状況別・リスク性資産を現在保有する割合

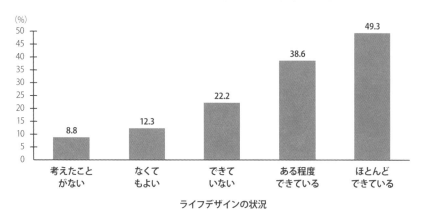

注：リスク性資産を現在保有する割合は、リスク性資産を「購入したことがあり、今も保有している」と回答した人の割合を集計
資料：第一生命経済研究所「第12回ライフデザインに関する調査」2023年3月実施

　それでは、ライフデザインが幸福度に及ぼす影響は、家計の金融資産の水準が違うとどうなるのでしょうか。

　図7-8でライフデザインが「できている」層についてみると、金融資産が少なくても、幸福度得点が高い水準にあることがわかります。ライフデザインが「できていない」や「いらない」人でかつ金融資産が2,000万円以上の人と比べても十分高いといえます。

　金融資産を積み上げていくには、通常長い時間がかかります。それでも、

図7-8 ライフデザインの状況別・幸福度得点（家計の金融資産別）

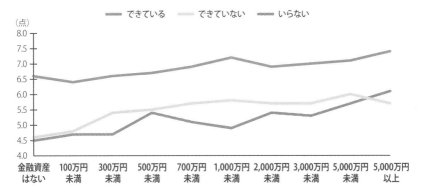

注：ライフデザインの状況について、サンプル数の関係で「考えたことがない」「なくてもよい」を「いらない」、「ある程度できている」「ほとんどできている」を「できている」に括り直して集計
資料：第一生命経済研究所「第12回ライフデザインに関する調査」2023年3月実施

自分自身が目指したいライフデザインを考えることで、目標に向かって進んでいく具体的な道のりをイメージできるようになれば、お金が貯まるより先に幸せを実感しやすくなると考えられます。その意味では、お金と幸せを結び付けるのに最も大事なことの1つが、ライフデザインを行うことといっても過言ではありません。

金融リテラシーが高まれば
ファイナンシャル・ウェルビーイングも向上

　ファイナンシャル・ウェルビーイングを向上させるもう1つの方法は、金融や経済に関する知識や判断力といった金融リテラシーを高めることです。金融リテラシーとファイナンシャル・ウェルビーイングの関係をみると、主観的な金融リテラシーの評価が高い人ほどファイナンシャル・ウェルビーイングが高いという結果になっています（図7-9）。評価が平均より高い層の人のファイナンシャル・ウェルビーイングは、前項で見たライフデザインができている層と同程度の高さとなっています。

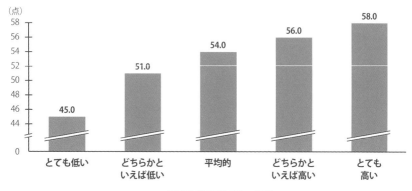

図 7-9　主観的金融リテラシー評価別にみたファイナンシャル・ウェルビーイング点数

資料：第一生命経済研究所「第12回ライフデザインに関する調査」2023年3月実施

個々人のファイナンシャル・ウェルビーイング向上を国も後押し

　ここでご紹介したいのは、イギリスの公的機関「金融年金サービス局（Money and Pensions Service）」による取組みです。この機関が掲げる目標は、人々の経済的な安定を促進し、ファイナンシャル・ウェルビーイング、つまり金融面での幸福感を向上させることです。それを達成するための具体策として「ファイナンシャル・ウェルビーイングを達成するための国家戦略2020〜2030年」が発表されました。

　この戦略は、単に富裕層を増やすというよりも、広範な家庭の経済状況を改善するという方向性を明確に示しています。たとえば、金融教育の受講者を増やし、貯蓄の習慣をもつ人々を増加させ、債務についての相談を受ける人の数を増やすなどです。また、日々の生活費を借金で賄わざるをえない人々の数を減らすという措置も含まれています。

　この戦略の中で特に目を引くのは、将来のライフプランの必要性を理解する成人の数を500万人増やすという目標です（図7-10）。これは成人全体を対象とし、かつ目標数が500万人と最も多くの人数を掲げている点からも、その重要性が明確に示されています。こうした一連の動きを通じて、イギリ

図7-10　イギリスのファイナンシャル・ウェルビーイング向上戦略における国家目標

		金融面の素養	貯蓄する人の数	借入金の管理	債務相談の改善	未来志向
2030年の国家目標	対象者	子どもや若者とその親	勤労世代で家計の収支が厳しい人々	食料や公共料金の支払いに借入金を充てる人々	債務相談が必要な人々	すべての成人
	国家目標	200万人増 効果的な金融教育を受ける子どもと若者の数	200万人増 定期的な貯蓄を行う対象者の数	200万人減 対象者の数	200万人増 債務相談を受ける人の数	500万人増 将来のライフプランの必要性を理解する人の数

資料：Money & Pensions Service, "The UK Strategy for Financial Wellbeing 2020–2030", 2020, P1より第一生命経済研究所翻訳

スでは全国民の経済的な安定とファイナンシャル・ウェルビーイングの向上に取り組んでいます。

　日本でも「新しい資本主義実現会議」において、2022月11月に資産所得倍増プランが打ち出されました。プランの7つの柱の中には、国として資産形成を支援する取組みと並んで、金融経済教育の充実やライフプランの提供を含め、消費者に対して中立的にアドバイスする仕組みの創設といった、イギリスの戦略と軌を一にするような取組みも提案されています。

　今や、国民一人ひとりのファイナンシャル・ウェルビーイング向上を実現するためには、国の支援が求められる時代といえます。個人としては、まず自らのファイナンシャル・ウェルビーイングを高めるべくライフデザインに取り組むことが第一歩ですが、その際、資産所得倍増プランで実現するしくみも含め、国の支援策をうまく活用していくことも大事なポイントになるでしょう。

（村上隆晃）

参考文献

Consumer Financial Protection Bureau, "Financial well-being in America", 2017.

Money & Pensions Service, "The UK Strategy for Financial Wellbeing 2020-2030", 2020.

8 金融リテラシー、 どこで学んでどう役立てる？

金融リテラシーはお金に関するあらゆる判断に必要なもの

　前節で述べたとおり、主観的な金融リテラシー評価が高い人ほど、ファイナンシャル・ウェルビーイングが高くなっています。ただし、主観的評価の場合、実際より高く評価する自信過剰や、反対に低く評価する自信過少の人もみられ、実際の金融リテラシーとは乖離があるかもしれません。

　そこで、詳細は後述しますが、「複利」「インフレ」「分散投資」に関する3つの設問で測る客観的な金融リテラシーとファイナンシャル・ウェルビーイングの関係をみてみると、主観的評価と同様に、得点が高い人ほど、ファイナンシャル・ウェルビーイングも高まる傾向にありました（図8-1）。

　ファイナンシャル・ウェルビーイングの向上には、金融リテラシーにもとづき、計画的にお金を使い、貯金・運用するなど、自分でお金をコントロールして主観的な豊かさを高めることが重要です。では、そもそも「金融リテ

図8-1　金融リテラシーの得点別にみたファイナンシャル・ウェルビーイング点数

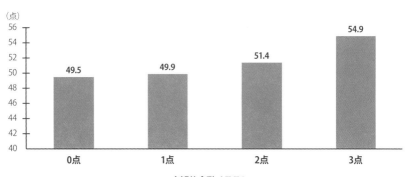

注1：ファイナンシャル・ウェルビーイング点数の測定は図7-5に同じ
注2：客観的金融リテラシーは、3つの設問で1問正解だと1点と計算
資料：第一生命経済研究所「第12回ライフデザインに関する調査」2023年3月実施

ラシー」とは何なのでしょうか。

OECDの金融教育に関する国際ネットワーク（INFE）は、金融リテラシーについて「金融に関する健全な意思決定を行い、究極的には金融面での個人の幸福（ファイナンシャル・ウェルビーイング）を達成するために必要な、金融に関する意識、知識、技術、態度および行動の総体」と定義しています。また、金融庁はさらに具体化し、「最低限身に付けるべき金融リテラ

図8-2　金融庁による最低限身に付けるべき
　　　　金融リテラシー

家計管理		
生活設計		
金融知識および金融経済事情の理解と適切な金融商品の利用選択		
	金融取引の基本としての素養	
	金融分野共通	
	保険商品	
	ローン・クレジット	
	資産形成商品	
外部の知見の適切な活用		

資料：金融庁・金融経済教育研究会「最低限身に付けるべき金融リテラシーについて」より作成

シー」を4分野15項目に整理しています。4分野とそのポイントは図8-2のとおりです。日々の家計の収支管理や、外部のアドバイスを適切に利用することへの理解なども含まれています。

金融リテラシーは投資に必要なものとしてメディアで取り上げられることも多いため、専門知識を想定する人もいるかもしれません。しかし、こうした定義や整理のとおり、金融リテラシーには意識や実際の行動も含まれ、お金に関するあらゆる判断に必要なものといえます。

金融リテラシーを測る
「複利」「インフレ」「分散投資」への理解

幅広い金融リテラシーの水準を測るには、一般的に「複利」「インフレ」「分散投資」に関する3つの設問が効果的とされています。これだけで完全に測れるわけではありませんが、「基本的な金融の概念を理解しているかがわかる」「リテラシーの差が明確に現れる」「退職後に向けた資産計画や貯蓄に関連がある」といった理由で、国内外で広く活用されています。以下がその3つの設問ですので、回答を選んでみてください。

①複利

100万円を銀行預金（年利子率2%）に預け、5年間、入出金をせずに同条件で運用したら、5年後にはいくら受け取れると思いますか。
(a) 110万円より多い (b) ちょうど110万円 (c) 102万円より多く110万円より少ない (d) ちょうど102万円 (e) 102万円より少ない

②インフレ

インフレ率が2%で、普通預金口座であなたが受け取る利息が1%なら、1年後にこの口座のお金を使ってどれくらいの物を購入することができると思いますか。
(a) 今日より多く物が買える (b) 今日とまったく同じだけ物が買える
(c) 今日より少ない物しか買えない

③分散投資

1社の株を買うことは、通常、株式投資信託（何社かの株式に投資する金融商品）を買うよりも安定した投資収益を得られると思いますか。
(a) 思う (b) 思わない

正解は、①(a)110万円より多い、②(c)今日より少ない物しか買えない、③(b)思わない、です。当研究所の調査では、正答率は①26.1%、②48.1%、③43.9%でした。全問正解者の割合は14.3%です。一方、金融教育が盛んな英国での正答率は、①52%、②80%、③52%と、いずれも日本より高い結果でした（OECD/INFE（2016））。日本は、まだまだ個人の金融リテラシーを高める余地があるといえるでしょう。

金融リテラシーはライフデザインとその実現をサポートする力

一定の金融リテラシーがあると、自らのライフプランに合わせた金融商品を選んだり、家計の金融資産を有効活用できるといわれています。さらに、多種多様な金融サービスがあるなかで、消費者一人ひとりが十分な知識と情報にもとづいてそれらを厳しく選別できれば、適切な競争が促され、健全で

質の高い商品・サービスが育つことも期待されています。

　図8-3は、先ほどの3つの設問で1つ正答すると1点とした際の得点の分布を示しています。点数が高い人、つまり金融リテラシーの高い人ほど、ライフデザインを行っていたり投資経験のある人が多かったりと、実際にライフデザインをしながら金融商品を活用できていることがわかります。

図8-3　金融リテラシーの得点別にみたライフデザインあり・投資経験ありの割合

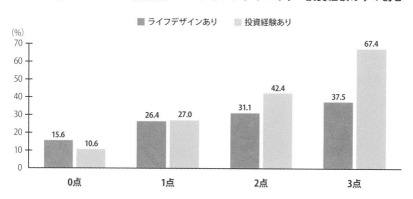

注：ライフデザインありとは、人生設計について「ほとんど設計ができている」「ある程度設計ができている」
　　と回答した人の合計。投資経験ありは、リスク性資産を「購入したことがあり、今も保有している」「購入
　　したことがあるが、今は保有していない」と回答した人の合計
資料：第一生命経済研究所「第12回ライフデザインに関する調査」2023年3月実施

　ライフデザインを考えたり、実際に投資したりするなかでも、金融リテラシーは高まります。一方、金融リテラシーが備わっているからこそ、こうしたことに取り組もうという意識が生まれますので、両者には相互の影響があると考えられます。自分の暮らしについて考えることで金融リテラシーが高まり、その結果、暮らしの見通しや安心感が生じてファイナンシャル・ウェルビーイングが達成されるという良い循環が生まれるのです。

　現代は将来の不確実性が高いVUCA[1]の時代だけに、できる部分はしっかりコントロールしていく必要があります。金融リテラシーは、将来への見通しが難しいなかでも、ライフデザインを行い、その実現をサポートする力になるのです。

経験頼みの金融リテラシー

　このように金融リテラシーはあらゆる人に必要なものですが、現状は、保有金融資産が多い人、あるいは年齢が高い人ほど、金融リテラシーが高い傾向がみられます。保有金融資産が多い層では、0点だった人の割合が最も少なく、2点、3点の割合が高い一方、少ない層では0点の人が4割以上を占めています（図8-4）。金融リテラシーが高いから資産を築けた面もありますが、余剰資産の活用を考えるなかで金融リテラシーが身についたとも考えられます。年齢に関しても同様です。年齢が上がるにつれて、低リテラシー層が減り、反対に高リテラシー層が増えます。年齢を重ねると、保険や住宅ローンなど金融商品を検討する機会も増えるため、そうしたなかで金融リテラシーが高まったとみられます。

　つまり、現代の日本では、多くの人が「経験」によって金融リテラシーを身につけているといえそうです。しかし、若くても、金融資産が多くなくても、金融リテラシーが必要なことは変わりません。むしろ、将来に向けて、早い段階から金融商品を活用した効率的な資産形成が求められます。

　経験に頼ることなく金融リテラシーを向上させるための鍵は「金融教育」です。金融資産残高が100万円未満の人うち、金融教育経験がない場合は0点の割合が49.0％ですが、ある人に限るとその割合は26.7％まで改善します

図8-4　保有金融資産別・金融リテラシー得点分布

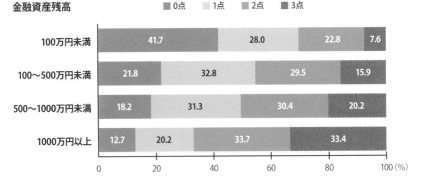

資料：第一生命経済研究所「第12回ライフデザインに関する調査」2023年3月実施

図8-5　金融教育経験別・金融リテラシー得点分布

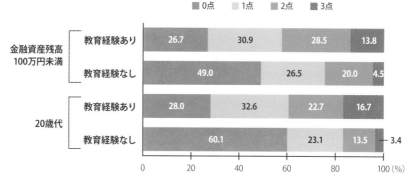

資料：第一生命経済研究所「第12回ライフデザインに関する調査」2023年3月実施

（図8-5）。20歳代も同様に、その割合は60.1％から28.0％になります。金融教育は経験不足を補う効果があるのです。

学校も強化しはじめた金融教育

　では、どのように金融リテラシーを学べばいいのでしょうか。現状、学校や大学などでお金や資産形成について教わった人は少なく、自分で学んだ人が最も多くなっています（図8-6）。

　金融広報中央委員会の金融リテラシー調査（2022年）によると、金融教育を学校で行うべきと思う人の割合は、全体で71.8％、18〜29歳でも66.6％となっています。金融教育は、金融リテラシーを高める効果が期待され、ニーズも多いにもかかわらず、十分に対応できていないのが現状です。

　こうした状況も踏まえ、平成29・30・31年改訂学習指導要領では、金融教育が拡充され、小学校の家庭科では「物や金銭の大切さ、計画的な使い方」、中学校の技術・家庭科では「計画的な金銭管理」「消費者被害への対応」等が学習指導要領に明記されました。2022年度から高校の家庭科では、「資産形成」の授業として、株式や投資信託なども含む基本的な金融商品の特徴（メリット、デメリット）を学び、ライフプランの設計に役立てる、という点まで新たに踏み込むようになりました。

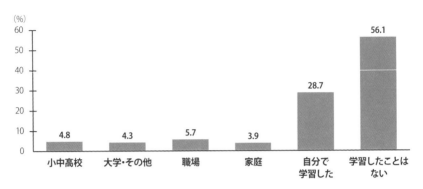

図8-6　お金や資産形成について学習した場所・方法

注：複数回答
資料：第一生命経済研究所「第12回ライフデザインに関する調査」2023年3月実施

　小中学校で、日頃の収支管理や金融トラブル回避のための「守りの金融教育」を行なったうえで、高校ではリスクを取って資産運用を行う「攻めの金融教育」が実施されるといえます。攻めるには守りも必要ですので、攻守の「縦のつながり」を意識した金融教育が重要です。

　加えて、金融教育には教科間の「横のつながり」も不可欠です。高校では家庭科と公民の授業で金融教育を取り入れていますが、金融リテラシーを測る設問①の「複利」は数学にかかわる部分です。また、社会科でSDGsや環境問題を扱う流れでESG投資[2]について触れることもできます。

　お金は日常生活のあらゆる部分にかかわります。「お金は汚いもの」「お金の話はタブー」という感覚は昔のことです。家庭でも、子どもやパートナーと積極的にお金の話をして、一緒に学んではいかがでしょうか。

金融リテラシーは誰でもいつでも身につけられる

　金融教育を受けていない、また受けた覚えがないまま社会人になった人にも学びの機会はあります。1つは、オンラインを活用した学習です。たとえば、金融経済教育推進会議はeラーニング講座「マネビタ〜人生を豊かにするお金の知恵〜」を提供しています。本講座は、金融庁や消費者庁のほか、生命保険文化センターなど業界団体も協力し、金融経済の基礎からライフプ

ランを描く、お金を増やす、リスクに備える、など金融リテラシーに関することを網羅的に学べます。また、金融庁が提供している「基礎から学べる金融ガイド」や中学生・高校生向けの金融経済教育の教材は、大人が読んでもためになる内容です。

　加えて、今後は職場での金融教育への期待も大きいといえます。近年、社員の働きがいやエンゲージメントを高める「ウェルビーイング経営」が注目されています。社員の将来不安を解消し、ファイナンシャル・ウェルビーイングを高めることもその一環といえるでしょう。2018年から、確定拠出年金を導入する企業の、加入者に対する継続的な投資教育が努力義務となりましたので、導入企業にはそうした場を積極的に設けることが求められます。また、初任給を受け取ったばかりの新入社員にとっては、お金の使い方や社会保険などを学ぶ絶好のタイミングですので、新入社員研修での金融教育の実施も効果的です。従業員のウェルビーイング向上に向けて、企業にはこうした金融教育の場の提供が期待されています。

　金融リテラシーは、単にお金を増やすために必要というわけではありません。お金と上手に付き合い、幸せに暮らすためのスキルです。さらに、誰でもいつでも身につけられるものですので、今日からお金の勉強をはじめてはいかがでしょうか。

（鄭　美沙）

注
1）変動性（Volatility）・不確実性（Uncertainty）・複雑性（Complexity）・あいまい性（Ambiguity）の英語の頭文字を合わせた言葉で、将来の予測が困難な状況を表す造語。
2）ESGは、環境（Environment）・社会（Social）・ガバナンス（Governance）の英語の頭文字を合わせた言葉。従来の投資は売上高や利益などの定量的な財務情報で企業価値を測っていたが、「ESG投資」は企業のESGに関する取組状況も考慮した投資のこと。

参考文献
金融広報中央委員会「金融リテラシー調査2022年調査結果」
金融庁・金融経済教育研究会「最低限身に付けるべき金融リテラシーについて」2013年
文部科学省「平成29・30・31年改訂学習指導要領」
OECD-INFE, "International Survey of Adult Financial Literacy Competencies", 2016.

「ライフデザイン」、やっておきたいマネープランとは

人生の将来収支を「自分ごと化」「見える化」して資産形成の目標を決める

　ライフデザインができている人はどのくらいいるのでしょうか。図9-1を
みると「ほとんど（人生）設計ができている」「ある程度（人生）設計がで
きている」人は、合わせて約25％となっています。一方、「あったらいいが
まだできていない」人は45.5％なので、ライフデザインを立てるつもりが
あっても、実際にはできていない人が多くいることがわかります。

　一方、家計の金融資産をみると、100万円未満の人の割合は、30代〜50
代で3割を超えています[1]。将来のために資産形成が大切だと漠然とわかっ
ていても、なかなか実際の行動につながらないものです。

　資産形成は、「無駄な消費を抑えて、将来のためにお金を貯め、増やして
いくこと」です。消費を抑えるためには、資産形成の目標に納得感があるこ
とが重要です。ダイエットや英会話学習でも、目標に納得感がないと真剣に
取り組めない経験をしたことがあると思います。納得感のある目標を策定す
るには、「自分ごと化」「見える化」が効果的です。一般の統計資料にもとづ
いて「老後〇〇円必要だ」といわれても、説得力がありません。自分にとって「いくら必要なのか」を明確にすることが必要です。加えて、その数字に具体的な将来の生活イメージが伴っていると納得感が強くなります。

　このようなマネープランによって、セカンドライフの漠然

図9-1　あなたご自身は、現在、人生設計（ライフデザイン）を立てていますか。

ほとんど設計ができている	3.3%
ある程度設計ができている	21.9%
あったらいいがまだできていない	45.5%
考えたことがない	18.7%
必要性がわからない、なくてもよい	10.6%

資料：第一生命経済研究所「第12回ライフデザインに関する調査」2023年3月実施

とした不安が「自分ごと化」「見える化」できれば、その数字は資産形成の明確な目標になります。目標が明確になれば、それから逆算して、毎年必要な「貯める」額と投資で「増やす」額が導き出されます。これが、資産形成の基本的な考え方です（「ゴールベース資産管理」といわれます）。

各年代の資産形成の課題と目標

　生涯の収支を具体的にシミュレーションしても、そこで導き出された数字に対する感じ方は年代によって異なります。20代の人に「シミュレーションによる老後資金の必要額は〇〇円」と提示しても、その数字に納得して目標にするかは別問題です。あまりに不確定要素が多いからです。目標は、「自分ごと化」が容易で、具体的かつ短い期間で達成できるもの（長期の目標を短期に細分化したもの）が好ましいといえます。筆者の考える、各年代の具体的な資産形成の目標の例は以下のとおりです。

①20代：1年間で100万円以上貯める力をつける

　筆者は、20代に「1年間に100万円以上貯める力を身につける」ことを推奨しています。「100万円」はわかりやすい数字であり、また、将来住宅を取得する場合に、住宅ローンの返済の1つの目安になる金額です。仮に、3,000万円の住宅ローンを30年で借り入れた場合（35歳で住宅ローンを組んで65歳で完済する）の元利金返済の目安は、年間100万円以上になります。毎年100万円以上を貯める力（消費をコントロールする力）がないと、住宅ローンを組むことが難しいのです。

　100万円以上を貯める習慣を身につける際、奨学金の繰上げ返済、結婚や自動車購入資金、住宅購入の頭金など、具体的な目標があるとモチベーションが上がります。そして、目標を決めたらコミット（宣言）してください。「ノートに書く」「それに対応した金融商品・制度に加入する」など何でも構いません。コミットした方が具体的な目標に向けた「貯蓄習慣とその仕組み」を作りやすくなります。貯蓄習慣が生活スタイルに定着すると、将来にわたって資産形成（「貯める」の部分）で大きな失敗はしにくいと考えます。もちろん、100万円は一例なので、個人の事情を考え、各自でしっかり目標

を立てることが重要です。

② 30・40代：住宅ローンを現役中に完済する計画を立て実践する

　この年代にとっての最大のポイントは、住宅の取得と住宅ローンを定年までに完済する計画を立て、実践することです。会社員などで厚生年金の加入者かつ退職金のある会社で働いている場合は、住宅ローンを退職金に頼らず現役中に完済できれば、老後資金の資産形成をするうえでの大きな課題が解消されます。

　もちろん、賃貸住宅に住み続けるという選択肢もあります。しかし一生涯にわたって賃料を払い続けるには、退職時点で相当の金融資産（仮に月10万円の賃料の場合、10万円×30年分＝3600万円です）を保有していることが必要です。特に長寿の時代、75歳（後期高齢者）以降の賃貸生活の維持は、賃貸可能な住宅の有無、認知症・介護リスクなどを想定すると、難しい問題です。賃貸住宅の選択は、住宅の自由度は大きくなるのですが、その分、持ち家以上に自己管理と具体的なプランニングが必要になります。

　また、40代になると、自分の両親の老後の生活などをきっかけに自分の老後も考えるようになります。老後資金の形成、住宅ローンの繰上げ返済など〇〇万円と具体的な目標を定めて、準備をスタートしなければならない時期です。老後に必要な資金は多額なので長期計画で準備する必要があります。退職金などがない場合はできるだけ早く実行に移してください。早ければ早いほど、余裕のある計画になります。

③ 50代：老後資金準備のラストスパート

　50代は、子どもの教育資金の準備や住宅ローンの返済、場合によっては両親の介護などをしながら老後資金を準備することが必要になります。この年代の老後資金は「自分ごと化」しやすく、将来収支も具体的な数字でシミュレーションできます。ぜひ自分の将来収支をしっかり計算して、明確な目標をつくり、資産形成のラストスパートに取り組んでください。また、多くの人にとって最も税率が高い時期なので、掛金が全額所得控除されるiDeCo（個人型確定拠出年金）などの税制優遇制度を最大限に使うといった工夫も必要です。iDeCoは掛金の全額所得控除という大きな税制メリットがある一

方で、60歳まで引き出せないことが大きなデメリットです。しかし、50代であれば引き出しができない期間は最長10年なので、デメリットは小さくなります。50代だと掛金を拠出する期間が短いためiDeCoをあきらめている人もいますが、iDeCoの掛金所得控除は大きな魅力です。また、2022年5月からは65歳未満までiDeCoに加入できるようになりました。ただし、iDeCoには掛金の上限がありますので、NISA（少額投資非課税制度）などの税制優遇制度を組み合わせることも考えてください。

「持ち家」という資産形成

現在の公的年金の水準は、図9-2のとおりです。

図9-2　令和5年度の新規裁定者（67歳以下の方）の年金額の例

国民年金（老齢基礎年金〈満額〉：1人分）：月額66,250円
厚生年金^(注)（夫婦2人分の老齢基礎年金を含む標準的な年金額）：月額224,482円

（注）ここでの厚生年金は、平均的な収入（平均標準報酬〈賞与含む月額換算〉43.9万円）で40年間就業した場合に受け取り始める年金（老齢厚生年金と2人分の老齢基礎年金〈満額〉）の給付水準です。

資料：日本年金機構ホームページ

この数字のとおり、自営業者など国民年金（老齢基礎年金）のみの世帯では、公的年金だけでの生活はほぼ不可能です。また、厚生年金のモデル世帯（夫婦2人分の老齢基礎年金および夫の老齢厚生年金）であっても、仮に賃貸住宅で一定の家賃を支払うと、公的年金だけでの生活は相当厳しくなります。現在の公的年金の水準が大きな問題になっていないのは、生活保護制度などの公的制度があることと、65歳以上の人がいる世帯の持ち家比率が82.1％（総務省「住宅・土地統計調査」2018年）と高いからです。持ち家は住居という側面が注目されますが、住宅ローンを借り入れることで住宅という資産を先に購入し、住宅ローンの返済という半強制的な仕組みで段階的に自己の資産とする資産形成の手法といえます。老後資金の準備も兼ねた資産形成の1つの形態と考え、検討してください。

公的年金の未来を考える

公的年金は基本的に賦課方式（現役世代の保険料が高齢世代の年金の原資）であるため、制度自体は安全なものといえます。一方で、保険料と給付の水準は、現役世代の保険料負担能力と高齢世代の生活実態の綱引きになります。2019年に公表された公的年金の財政検証（図9-3）では、少子高齢化（現役世代の減少と年金世代の増加・長寿化）により、インフレや賃上げを考慮に入れた実質的な給付水準の低下が見込まれています。2019年度で約62％である所得代替率（給付開始時における年金額の、現役世代の手取り収入に対する割合）が、2040年代には、経済成長と労働参加が進むケースでも50〜52％と、約10ポイント低下する見通しです。所得代替率が約10ポイント下落すれば、現役世代と年金世代との生活格差が大きくなります。また、インフレも想定しているので、年金世代の生活実態は厳しくなるはずです。したがって、今後は所得代替率の低下を見据えた対応、つまり老後のための資産形成の強化が必要といえます。

具体的には、公的年金を現在の65歳ではなく、70歳以降から受給することを想定したマネープランも選択肢になります。現在の公的年金は、支給開始時期を1か月繰り下げると0.7％年金額が増加します。70歳までの繰下げで42％、75歳まで繰り下げると84％年金額が増加するため、年金受給を延

図9-3　2019年財政検証による所得代替率の見通し

所得代替率 【経済（ケースⅠ）の場合】

（＊）所得代替率とは、給付開始時における年金額の
　　　現役世代の手取り収入に対する割合

【経済（ケースⅠ）】の経済前提
- 物価上昇率 2.0%
- 賃金上昇率（実質〈対物価〉）1.6%
- 運用利回り（実質〈対物価〉）3.0%
（参考）経済成長率（実質）0.9%

2019年度

61.7%

現役男子の手取り収入	35.7万円
夫婦の年金額	22.0万円

2046年度

51.9%

現役男子の手取り収入	50.6万円
夫婦の年金額	26.3万円

資料：厚生労働省「2019（令和元）年財政検証の資料」より作成

ばした期間を自己資金で対応できれば、それ以降の生活が楽になります。

　また、若い世代は、原則70歳からの公的年金受給開始を想定したマネープランを考えた方がよいでしょう。2019年時点で日本より平均寿命が約5歳短い米国の場合、年金開始は現在の66歳から、2027年までに67歳に、同じく日本より平均寿命が約3歳短いドイツでも、年金開始は現在の66歳から、2031年までに67歳に引き上げられる予定です。平均寿命がドイツや米国より長い日本も、近い将来、現在の原則65歳から70歳に受給開始年齢が引き上げられると考えるべきではないでしょうか（2024年に新たな財政検証が公表されます）。

　2021年4月の高年齢者雇用安定法の改正で、70歳までの就業機会の確保が雇用主の努力義務とされたように、70歳まで現役で働くことのできる社会的な枠組みも整備されつつあります。豊かなセカンドライフを目標にするのであれば、健康を維持し、ビジネススキルを磨いて、できるだけ長く現役で仕事をすること、そして自助努力で資産形成・投資を行い、「お金の寿命も延ばす」ことが必要になってくると考えられます。

円安・インフレに備える資産形成・投資

　資産形成や投資を考える場合、どうしても「増やす」に関心が集まりますが、2022年の物価上昇率が＋2.5％だったため、「円安・インフレに連動した資産を保有する」ことの重要性に気づいた人も多いでしょう。

　投資の基本的な目的に、「資産価値の保全（物価の変動に追随する資産を保有する）」がありますが、2021年まで低インフレが続いたために、あまり意識されていませんでした（物価上昇率が2％を上回るのは、消費税増税の影響を除くと1991年以来）。しかし、ロシアのウクライナ侵攻や円安により原油・天然ガス、農産物など輸入品価格が大幅に上昇し、電気・ガス代、ガソリン代、食品など生活に身近なものが大幅に値上がりしました。インフレにより現金・預貯金の価値が実質的に減少する一方、円安などで外貨建資産や株式などの価値は増加したため、投資をしていた人としていない人の間で大きな差が生じました。

　今後も以下の3つの理由から、円安・インフレの可能性があります。

・日本銀行の金融政策

　日本銀行の金融政策の目標は物価安定ですが、目指す物価安定は、物価が上昇しないことではなく、「安定的に2%上昇する」ことです。それを前提にすれば、今後もインフレが継続すると考えるのが基本です。

・日本の経済規模縮小リスク

　国立社会保障・人口問題研究所「日本の将来推計人口（令和5年推計）」結果」によると日本の生産年齢人口（15〜64歳）は、

　1995年　8,716万人（日本の生産年齢人口のピーク）
　2020年　7,508万人（1995年比1,208万人減少　−14%）
　2045年　5,832万人（2020年比1,676万人減少　−22%）

となる見通しです。経済成長は人口だけで決まるものではありませんが、消費と生産の中心を担う生産年齢人口の減少は今後加速するので、経済的に厳しくなる可能性は否定できません。一般的に経済が衰退局面となる国の通貨は弱くなり、輸入物価が上昇してインフレ圧力がかかります。

・日本の財政問題の顕在化

　財務省「日本の財政関係資料」（2023年4月発行版）によると、日本の「債務残高の対GDP比」は、2023年度末で252%の見込みとなっており、第二次世界大戦中の200%強を超え、最悪値を更新中です。日本は戦後の高度成長で経済大国として富を蓄えた国なので、すぐに財政問題が顕在化することはありませんが、仮に将来財政的な問題が生じると円安・インフレになる可能性があります。

　円安・インフレになるリスクがあるとすれば、その備えとして円安・インフレに連動する資産を一定金額保有する必要があります。それが株式や外貨建資産などへの投資になります。

（村井幸博）

注
1) 金融広報中央委員会「家計の金融行動に関する世論調査［二人以上世帯調査］(令和4年)」

資産形成を生活スタイルに定着させるためのプロセスと障害（山）
──ペルソナ分析でつまずきポイントを解説

資産形成、「貯蓄から投資へ」で越えるべき4つの山

　筆者は、資産形成に関するセミナーや個別相談への対応、金融商品を販売する金融機関向けの研修などに長年携わっていますが、資産形成や「貯蓄から投資へ」をスタートして、生活スタイルとして定着するまでに大きな障害（山）が4つあると感じています（図10-1）。

〈第1の山〉

　資産形成や「貯蓄から投資へ」の必要性に気づかないか、漠然としか考えていないために、資産形成・投資のスタートが切れないという山です。資産形成や投資の必要性について真剣に考えたことがない、そのきっかけがなかった場合が該当します。

〈第2の山〉

　資産形成・投資をはじめようと思った人が心底納得して具体的な準備をする山です。まったく準備せずに投資することは無謀です。ただ、準備にはそれなりの時間と手続き、勉強が必要なため、それが障害となることもあります。

〈第3の山〉

　投資の損失に対する不安、投資商品の選択方法や投資タイミングがわからないなどで実際の投資に踏み出せない山です。いろいろな準備をしても実際の投資行動に移せないことがあります。

〈第4の山〉

　消費をコントロールして資金を作り、資産形成・投資を生活スタイルにするまでの山です。資産形成は現在の消費を減らして将来のためにお金を貯め

て、増やすことになりますが、浪費を抑えられないこと、金融マーケットの変動への対応や個人のマネープランの見直しなど資産形成で必要な継続的なフォローができないことがあります。

図10-1 「貯蓄から投資へ」で越えるべき4つの山

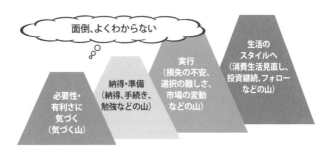

資料：当研究所作成

　この一つひとつの山を乗り越えることができず、途中で挫折する人、資産形成や投資がうまくいかない人、ほったらかしにする人がいます。以下では、実際の事例をもとに、それぞれの山の特徴と、それを克服するヒントを提示します。

「気づく山」でつまずく人
──資産形成・投資の必要性、有利さに気づく

　資産形成に取り組めない人のなかには、「自分は平均的な収入で、暮らしぶりも普通だから資産形成や投資を考えなくても老後は大丈夫だろう」「わざわざ損失をするかもしれない投資を素人がする必要もない」と捉えている人がいます。数年前までであれば、「預金は安全なもので、日本にはインフレがなく安心」というイメージも根強かったでしょう。では、資産形成や投資の必要がないと考えている人が「気づく」ためには、どのような方法があるでしょうか。

・気づくきっかけ

　友達、職場の同僚、SNS、セミナーなど様々なきっかけがあります。なかでも、資産形成・投資でうまくいっている人、お金で苦労している人が身近にいると「自分ごと」として考える傾向にあります。また、信頼している人・金融機関・媒体などからのアドバイスも、気づくきっかけとして大きな効果があります。

　政府の「資産所得倍増プラン」の7つの柱のなかに「雇用者に対する資産形成の強化」がありますが、資産形成・投資の必要性に従業員が気づくきっかけを会社が作ることも重要です。一般的に自分の会社を信頼している人は多く、会社の福利厚生制度と連携しているため効果的でしょう。とはいえ7つの柱のうちでは、「安定的な資産形成の重要性を浸透させていくための金融経済教育の充実」こそが王道です。

・老後資金の不安で気づく

　「老後2,000万円問題」や「老後破産」という言葉などが話題になりましたが、「将来の不安」を感じる機会があると、資産形成・投資の必要性に気づきやすくなります。また、自分や配偶者の両親、身近な人の経験から「自分は大丈夫なのか」と感じるケースも多いようです。人生100年時代においては、老後資金、認知症や介護などの問題を避けていくのは難しいので、「自分ごと」として考えることが重要です。

・インフレから生活を守ることに気づく

　日本はこれまで物価が大きく上昇しないことが恒常化していたため、円安・インフレが生活に大きく影響するという意識をもちにくい状態にありました。しかし最近は、食品や電気・ガス代など生活必需品の価格が上昇してきたため「自分ごと」になった人も多いようです。円安・インフレへの対応には、節約もありますが、基本的に円安によって価格が上昇する資産（外貨建資産や株式）を一定割合保有することが有効です。投資を完全に無視していては円安・インフレに備えることはできないのです。

・投資はギャンブル・金儲けではなく、経済・企業の成長に必要な
　ことに気づく

　投資に「ギャンブル」「金儲けの手段」といった否定的なイメージをもつ
人がいます。しかしながら、投資は、お金のある人がお金を欲している人に
資金を循環させる大切な手段です。経済・企業が成長していくために必要な
ことで、投資によって世界は豊かになりました。投資は世界経済の成長に貢
献し、やがて自身が世界経済成長の果実を享受するためにも欠かせない手段
なのです。

「納得・準備の山」でつまずく人
──資産形成に対する納得、手続き、勉強など準備段階

　資産形成・投資の必要性に気づいても、そこから具体的な行動に移せない
人がいます。たとえば、iDeCo（個人型確定拠出年金）やNISA（少額投資非
課税制度）などの有利性を聞いて、そのときはやる気になっても、資料請求
などの行動には至らないケースも多いのです。

・「気づく」から「納得」に移行できない人

　「気づく」から「納得する」に移行することは重要です。「気づき」だけで
はすぐ忘れ、先送りになりがちのため、「納得」までモチベーションを高め
ることが大事です。そのために行うのが「自分ごと化」「見える化」です。
自分の将来のライフデザイン、マネーデザインを具体的に描き、シミュレー
ションすることでイメージを膨らませてみましょう。多くの人は将来に漠然
とした不安をもっていますが、それを「自分ごと化」「見える化」すると資
産形成の目標になるので、まずは一歩踏み出してほしいと思います。

・準備のための行動に移せない人

　資産形成・投資の必要性に納得しても、実際の投資の準備に移らない人も
います。
〈金融機関を選択できない〉
　金融機関は数多くあるため、選択に迷った結果、何もできない人がいま

す。確かに金融機関の選択は重要ですが、ある程度有名な金融機関であれば、それほど大きな差はないと考えられます。手数料や金融商品の品ぞろえ、情報提供、ネットの使いやすさなどはチェックしつつも、軽微な差にはとらわれず、自分の選択を信じてよいでしょう。投資をはじめないとわからないことも多くあります。後で金融機関を変更しても大きな支障はありません。

〈手続きが面倒〉

投資をするには、金融機関の店頭やネットで口座の開設が必要ですが、その一歩を踏み出せない人がいます。まずは、信頼できそうな金融機関をいくつか選び、ネットやコールセンターで資料請求してみることです。資料にはやや難しいものもありますが、最近はわかりやすく工夫されていることが多いです。

〈全部理解しないとスタートできない〉

投資の世界では、すべてを理解することは不可能です。小さな金額からはじめて少しずつマーケットや経済に関心をもっていただければ良いと思います。投資のプロではないので、「長期的に考えて世界経済は成長するから投資をする」といった感覚でスタートし、まずは投資を経験することが重要です。

「実行の山」でつまずく人
──損失の不安、選択の難しさ、市場の変動など

納得・準備まで行くのですが、実際に投資をする段階で損失の不安やどのタイミングで投資すべきか決められずにつまずく人がいます。

・絶対失敗したくない人

以下のような金融広報中央委員会の調査があります。

> 10万円を投資すると、半々の確率で2万円の値上がり益か、1万円の値下がり損のいずれかが発生するとします。あなたならどうしますか。
> 1. 投資する
> 2. 投資しない

資料：金融広報中央委員会「金融リテラシー調査2022年」

これは、計算すると20万円あれば確率的に1万円儲かる（期待リターン5％）投資です。うまくいった場合は20％の利益、失敗した場合は10％の損失と考えると、少しリスクが低めの株式に投資しているようなイメージになります。

　この調査の結果は、投資する人が24％、投資しない人は76％でした。男性の64％、女性の84％が投資しないと回答し、年齢が高くなるにつれて投資しない人の割合が増える傾向にあります。人間には、本能的にリスクを回避する傾向があり、「お金は命の次に大事」と考える人もいるため、このような結果になると考えられます。しかし、「投資で絶対に損をしない」ことは不可能ですので、次のように考えます。

〈少額からはじめる・ポイントではじめる〉

　ネット証券のなかには、つみたてNISAの最低積立金額100円から可能な会社もあります。少額だと資産形成・投資としての効果は小さいですが、気軽に投資をはじめるにはいいと思います。

　また、最近はカードなどで貯まったポイントで投資ができる会社があります。ポイントであれば、リスクへの抵抗感が薄まるのではないでしょうか。

〈iDeCo、ふるさと納税の節税分ではじめる〉

　iDeCoとふるさと納税の住民税の節税効果は、翌年度の住民税に反映されます。ただ、給与所得者の場合、住民税の減少部分は給与から控除される住民税が減少する形になるので、実感しにくい人も多いのではないでしょうか。そのような人には、iDeCo加入時やふるさと納税時に住民税が減少する分を計算して、その金額だけつみたてNISAを使って投資をしてみることも一案です。また、年末調整時の所得税軽減部分を投資に回す方法もあります。節税分であれば、損をしてもショックが少なくて済むでしょう。

〈確実にリターンが確保できるものからスタートする〉

　投資では確実にリターンを獲得できるものはありませんが、iDeCoは掛金が全額所得控除になるため、確実に税金を軽減できます。しかもiDeCoの場合、預金などの元本確保型商品を選択できます。所得控除は毎年あるため、早くはじめれば確実に効果がでます。

・投資商品を選択できない人

　必ず儲かる投資商品というものはありません。商品を選択するのが難しい人には、国内株式、外国株式、外国債券で、手数料の安いインデックス型といわれる投資信託を対象に少額投資をすることをお勧めします。少額からでもはじめることができれば、次第に株式や外国為替などのマーケットの動きに関心が出て、投資商品の選択もできるようになります。

・投資タイミングを選択できない人

　投資商品の価格は、これから値段が上がると考える人と値段が下がると考える人の均衡点です。予想はできますが当たるとは限らないため、投資タイミングをあまり気にする必要はありません。投資は、長期的に世界経済の成長の果実を享受するものだと考え、毎月コツコツ投資すればいいといえます。

「継続の山」でつまずく人
──消費生活見直し、長期・積立・分散投資の継続など

　実際に投資をはじめても、「資産形成（貯める）ではなく、衝動買いをしてしまった」「投資をはじめたが損をしたのでやめてしまった」「投資をしてもほったらかしになっている」という人が多くいます。

・「貯める」ために消費をコントロールできない人

　資産形成・投資を継続するためにはお金が必要です。お金を「貯める」基本は、消費をコントロールしてそれを生活スタイルにすることです。住宅ローンで失敗するケースの多くは、返済資金を確保するための消費をコントロールできないことで起こります。消費のコントロールは今までの生活スタイルを変えることであり、ストレスがかかります。いかに「貯める」を普段の生活スタイルにしていくかが重要です。基本は給与天引きや口座引き落としで自動化する仕組みを使って、貯蓄・投資に回す資金を最初に控除し、「収入－貯める・投資するお金＝使えるお金」という家計を確立することです。

・長期・積立・分散投資が継続できない人

　投資の基本は「長期・積立・分散」投資です。投資に伴う大きなリスクを回避し長期的な収益を目指す、投資の基本となる手法です。

長期：長期的な時間軸で投資することによる「時間を味方にした収益の安定化」

積立：投資するタイミングを分散させることによる「マーケットの変動リスクの平準化」

分散：投資対象の分散による「収益獲得と過度なリスクの回避」

　しかし、それを実践することは簡単ではありません。「長期・積立・分散」で投資したつもりが、結果的に「短期・高値購入・集中」投資となって、失敗する人も少なくありません。人間は、長期投資よりハラハラ・ドキドキ・ワクワクする短期売買を好む傾向があります。感情を伴う短期投資のほうが楽しいと感じるようです。また、投資をして儲かると利益を確定したくなり、結果として短期売買になる一方で、損をしているときは売却せずに「塩漬け」といわれる長期保有になるパターンがあります。

　また、「集中」ですが、この集中には2つのパターンがあります。1つが安全資産に集中して、投資を行わない人です。リスクに過敏な人は投資をしたがらず、安全資産に集中する傾向があります。ただ、現在のような円安・インフレの状況を考えると、安全資産である預金は実質的に目減りしています。元本割れする可能性があっても、インフレに連動する可能性がある資産を保有する方が、家計は安定すると考えることができます。

　もう1つのパターンは、ギャンブル的に特定銘柄に集中投資する人（欲張りな人、リスク選好の高い人など）です。もちろん大きな利益を得る場合もあるのですが、大きな損失を被る人もいます。

　「短期・高値購入・集中」投資を避ける方法として有効なのが、iDeCoやつみたてNISA（新しいNISAのつみたて投資枠）を活用して、「長期・積立・分散」投資をする仕組みを導入することです。自動化した仕組みであれば比較的ストレスを感じることなく、基本に忠実な投資をすることができます。2024年からの新しいNISAは、つみたて投資枠と成長投資枠が併用可能なので、積み立て投資をしながら、成長投資枠を使って自分の関心のある企業の株式を購入するなどして投資を楽しむこともできます。

投資の落とし穴──大きな失敗を回避するために

　日経平均株価は、1990年以降、ピークから60％以上下落する局面が3度ありました（図10-2）。バブルは、株式や不動産などに過剰に投資が行われることによって、資産価格が理論値を超えて高騰する状況です。根拠のない資産価格の高騰はその後の価格暴落を伴い、大きな損失を被る人が多数発生します。金融マーケットが変動する以上、投資の損失リスクを避けることはできませんが、大きな失敗を回避できる可能性があります。以下に、大きな失敗をするパターンをまとめますので参考にしてください。

図10-2　日経平均株価の大きな下落局面

	ピーク時の 日経平均株価	暴落時の 日経平均株価	下落率	備考
不動産バブル崩壊	38,915円 （1989年12月29日）	14,309円 （1992年8月18日）	−63.2%	不良債権問題
ITバブル崩壊	20,833円 （2000年4月12日）	7,607円 （2003年4月28日）	−63.4%	金融危機
米住宅バブル崩壊	18,261円 （2007年7月9日）	7,054円 （2009年3月10日）	−61.3%	リーマン危機、欧州危機

資料：当研究所作成

・流行を追う人（多数派同調性が強い人）、欲張りな人

　人間には欲があり、また儲かっている人をみると自分も仲間入りしたいと思います。価格が大きく上昇しているときは多くの人が購入しているからですが、うらやましいと思って後追い的に投資をする人も多くいます。これが高値購入の典型です。高値で多額の投資を行って、失敗しているのが過去のバブルの経験です。また、価格が大きく下落しているときは多くの人が売却しているときです。このようなときは、自分も不安になって売却する傾向があります。本来、投資は安値で購入して高値で売却しないと利益が出ないのにもかかわらず、高値で購入して安値で売却するため損失が大きくなります。

・ギャンブル依存、リスク選好のある人

　投資はギャンブルではありません。しかし、自分が予想したものが当たって儲かる快感はギャンブルと似た仕組みなので、ギャンブルと同様依存症になるリスクがあります。特に短期取引で大きく儲かった経験があると危険です。ギャンブルと同じような感覚で投資すると、購入銘柄もハイリターンを狙ったリスクの高い資産・個別銘柄になり、投資金額も大きくなりがちです。当然大きな損失と隣り合わせです。

・法則や人を信じすぎる人

　プロもそうですが、人は投資で儲かる法則を見つけたがります。もちろん、その法則が完璧であればいいのですが、残念ながらそのような法則はありません。一定の法則で少しずつ儲けても、その後大きく損をしてしまうパターンです。

　また、カリスマといわれる人を信じる人がいます。「信に過ぎれば損をする」といわれますが、過去の例をみるかぎり詐欺や高い手数料の情報など、非常に危ないケースもあります。本当のカリスマを見抜ける眼力があれば、個別の株式などでも十分に利益を得ることができるでしょう。何より自分の判断での投資が重要です。

　投資の大きな失敗を回避するためには、以下の点に留意しましょう。

・通常の金融商品の長期・積立・分散投資を基本とすること
・リスクの大きな投資は金額の上限を決めること
・欲張らないこと（一定の利回りで満足すること）

　投資は、大きな失敗を回避できれば、長期的には世界経済の成長と共にある程度の利益を獲得することができるといえるでしょう。

（村井幸博）

2024年スタートの新NISA iDeCoと共に理解する

新しいNISAのポイント──「投資ならずっと非課税」が基本

　岸田政権が掲げる「資産所得倍増プラン」の目玉政策の1つとして、2024年から新しいNISA制度がスタートします。

　図11-1は、2023年までのNISA（旧NISA）と2024年からの新しいNISAを比較したものです。NISA口座は18歳以上の人であれば誰でも作ることができます。

図11-1　新しいNISAのポイント

2023年まで		現行制度から新しい制度へのロールオーバー不可	2024年から
つみたてNISA	一般NISA	抜本的拡充	新しいNISA
2042年まで	2023年まで	口座開設期間	恒久化
20年	5年	非課税保有期間	無期限化
40万円	120万円	年間投資枠	120万円（つみたて投資枠※）　240万円（成長投資枠※）　併用できる
併用できない（年単位で選択）			
800万円	600万円	非課税保有限度額	1,800万円（枠の再利用可能）うち成長投資枠は1,200万円

注：投資対象商品は、つみたて投資枠では2023年までのつみたてNISAと同様だが、成長投資枠では①整理・管理銘柄②信託期間20年未満、毎月分配型の投資信託およびデリバティブ取引を用いた一定の投資信託等を除外
資料：金融庁ホームページより作成

　旧NISAから大きく変わる点は、以下のとおりです。

　・制度の恒久化と非課税保有期間の無期限化
　・年間投資枠の拡大（つみたて投資枠120万円、成長投資枠240万円）
　・つみたて投資枠と成長投資枠が併用可能（旧制度ではつみたてNISA

と一般NISAは年単位の選択制）

・非課税限度保有額の拡大（1,800万円）、枠の再利用が可能

　新しいNISAによって、長期的な資産形成に必要な投資が「ずっと非課税」となる制度が整ったといえます。

　NISAは、小泉政権時の「貯蓄から投資へ」政策で始まった証券税制の優遇措置（2003年から10年間株式、株式投資信託の配当、譲渡益などの税率を20％から10％に引下げ）が2013年末に終了するのに伴って、激変緩和措置として導入されたものです。

　紆余曲折はありましたが、新しいNISAにより、国際的にも遜色ない資産形成・投資のための本格的な税制優遇（利益に対して税金がかからない）制度が確立します。

　2023年中は現行NISAへの加入となり、現行制度での非課税のメリットを受けることになります。なお、現行NISAで投資した資産は新しいNISAに移管されない点には注意が必要です。

NISAとiDeCoの違いを理解する

　NISAと同様、税制優遇のある制度にiDeCoがあります。iDeCoのポイントは、以下のとおりです。

・税制上の優遇措置（掛金の全額所得控除、運用益は非課税で再投資、受け取るときも大きな控除）のある私的年金制度
・毎月の掛金を自分で拠出し、自分で運用方法を選んで掛金を運用
・原則60歳以降に掛金とその運用益の合計額を給付として受け取る（原則60歳まで資金の引き出し不可）

　図11-2は、新しいNISAとiDeCoの相違点をまとめたものです。以下、2024年からの新しいNISAを前提に説明します。

図11-2　NISAとiDeCoの相違点

	iDeCo	新NISA
投資上限額（年間）	14万4,000円〜81万6,000円 （職業や加入している 年金制度により異なる）	360万円 （成長投資枠）240万円 （つみたて投資枠）120万円
税制上のメリット	・積立時の掛金が全額所得控除 ・運用益が非課税 ・受取金額の一定額が非課税	運用益が非課税
運用期間	加入から65歳まで （10年間延長可能）	無期限
資金の引き出し	原則として60歳まで不可	いつでも可能 （非課税額枠の再利用可）
運用できる商品	投資信託、保険商品、定期預金	（成長投資枠）株式、基準を満たす投資信託、ETF、REIT （つみたて投資枠）積立・分散・長期投資に適した投資信託

資料：当研究所作成

・税制優遇の違いと解約の自由度

〈税制優遇〉

NISA：譲渡益、配当や分配金など投資の利益が非課税（利益に20.315％
　　　　の税金がかからない）

iDeCo：掛金の全額所得控除（NISAにはない有利な税制優遇）

　　　　運用中の非課税で再投資可能（利益を受取時まで非課税で繰り
　　　　延べ）

　　　　受取時は一時金で受け取る場合は退職所得控除、年金で受け取
　　　　る場合は公的年金等控除の対象（受給金額によっては課税され
　　　　る可能性がある）

〈解約（資金の引き出し）〉

NISA：解約は自由

iDeCo：原則60歳まで受給できない（資金の引き出しができない）

　つまり、iDeCoは掛金の全額所得控除という有利な税制優遇があるかわり
に、原則60歳まで資金を引き出せない一方で、NISAは解約が自由ですが、
税制優遇は金融商品から得られる利益が非課税である点にとどまります。

〈投資対象〉

NISA：株式や投資信託などに投資が必須で、投資対象に預金・債券な
　　　どは含まれません

iDeCo：投資信託以外に元本確保型商品（預金と保険）での運用が可能

　NISAを利用する場合は、投資信託や株式などへの投資が必須になります
が、iDeCoの運用可能商品には元本保証型商品が組み込まれているので、リ
スクのある資産に投資をしたくない人でも制度の利用が可能です。

　このような違いは、iDeCoが老後の公的年金を補完するための制度（所管
は厚生労働省）である一方で、NISAは投資を促進するための優遇策（所管
は金融庁）という面が影響しています。iDeCoは掛金の全額所得控除という
有利な税制優遇がある制度ですが、制度が難解で、手続きも複雑だという声
もあり、それがNISAに比べ普及が進まない一因ともいわれています。

新しいNISA、iDeCoをどのように活用するのか

　NISAとiDeCoは両制度の特徴、メリット・デメリットを考慮して活用す
ることが重要です。また、年齢や世代によっても使い方は変わってきます。
基本的な検討の順番は、iDeCoにどの程度資金を配分するかを考え、それを
上回る部分はNISAでの投資になります。勤め先に選択型確定拠出年金や
マッチング拠出がある場合は、最初にそちらを検討してください。

・年代によって異なる傾向

　iDeCoは、以下の算式により税が軽減される魅力的な制度です。各税率は
図11-3のとおりです。

　　税軽減効果　＝　iDeCoの年間掛金　×　所得税・住民税率

iDeCoは魅力的な制度ですが、60歳まで原則資金の引き出しができないた

め、年齢によってそれぞれに対する受け止め方が異なるようです。

〈20 〜 30代〉

iDeCoの利用率は低く、NISAを活用している人が多くなっています。特に、最近のつみたてNISAの増加を支えているのがこの層です。iDeCoの所得控除のメリットを理解しても、以下の理由から、iDeCoよりもNISA（金融資産が少ないためつみたてNISAの割合が高い）を選択する傾向があります。

図11-3　iDeCoによる課税所得別税率

課税される所得金額	所得税率	住民税率
1,000円〜 1,949,000円	5%	
1,950,000円〜 3,299,000円	10%	
3,300,000円〜 6,949,000円	20%	一律 10%
6,950,000円〜 8,999,000円	23%	
9,000,000円〜 17,999,000円	33%	
18,000,000円〜 39,999,000円	40%	
40,000,000円以上	45%	

※平成25年から令和19年までの各年分は、所得税と復興特別所得税（原則としてその年分の基準所得税額の2.1パーセント）を併せて申告・納付

・一般的には所得が低いため所得税の税率が低い（＝所得控除の効果が小さい）
・資金を引き出せない期間が長い
・将来資金が必要になる可能性があり、60歳まで資金が引き出せないのが不安

ただ、NISAとiDeCoは併用可能です。iDeCoの掛金を可能なかぎり大きくして（掛金は最低月5,000円以上、掛金変更は年1回可能）、NISAの金額を調整するのが理想的です（仮に所得税・住民税率合計が15％であってもこの部分を投資で稼ぐのは大変です）。

この世代がiDeCoを検討する際のポイントは以下のとおりです。

・老後資金を早くから準備すれば生活への影響も少ない
（遠い先の話だから、早くはじめれば負担を小さく、しっかり準備できる）
・2022年度の制度改正（iDeCoに加入できる年齢要件、企業型DCの加

入者のiDeCo利用の制限などの緩和）で加入しやすくなった
・公的年金の所得代替率が低下見込み（9節参照）であるため、公的年
金を補完する私的年金が必要

　iDeCoは、原則60歳まで引き出すことができないので、将来必要な老後資
金の資産形成だと覚悟して行うことも大切です。公的年金は原則65歳まで
給付を受けることはできませんが、同じように「お金に鍵をかけた」資産形
成（公的年金に近い私的年金）と考えることができます。

〈40 ～ 50代〉

　iDeCoの主たる加入者層になります。以下の特性を考えると、iDeCoの所
得控除のメリットを最大限活用した資産形成ができます。

・一般的には所得が高いため所得税の税率が高い
・資金を引き出すことのできない期間が短い
・ある程度収支に見通しがつき、一定の金融資産を保有している

　仮に50歳、所得税20％（課税所得金額で3,300,000円 から 6,949,000円ま
で）、住民税10％の人が、iDeCoに毎月1万円（年12万円）の掛金で加入す
れば、運用利回り0％（預金に配分）であっても、毎年3万6,000円の税軽減
効果があります（iDeCoの手数料、復興特別所得税は考慮せず）。10年では、
累積で36万円の税軽減効果です。これは、月1万円を約5.5％で複利運用を
したのと同じ効果です。原則60歳まで（50代は最長10年）資金を引き出せ
ない不自由さを覚悟すれば、税軽減効果だけで高いリターンを獲得できます
（税効果は各人が税率を確認したうえで個別に確認してください）。したがっ
て、緊急予備資金や将来使う予定が決まっているお金を確保したうえで、で
きるだけiDeCoを利用した方が有利です。ただし、iDeCoには拠出金額の上
限がありますので、それを超える部分の資産形成・投資については、NISA
を活用することになります。
　iDeCoは2022年5月の改正で65歳まで掛金拠出が可能になったので、50
代後半の人であってもiDeCoの所得控除のメリットを活用できる可能性が広

がりました。老後資金準備のラストスパートの時期なので最大限に活用すべき制度です。

投資に興味のない人はiDeCoを活用

　投資に興味のない人のなかには、iDeCoもNISAと同様に、投資信託などに投資しなければならないと思い込んでいる人がいます。しかし、iDeCoの対象商品には預金などの元本確保型商品もあるため、投資に興味がない人でも活用できる制度です。銀行預金から口座引き落としでiDeCoの掛金としてiDeCoの元本確保型商品で運用すれば、ほとんど利息を生まない預金を、税軽減効果だけで大きな利益を生む預金に変換することができます。

　もちろん、その後投資に興味がでてくればiDeCoの中で投資をすることも可能です。将来投資をするか否かは別にして、早くiDeCoに加入すれば税軽減効果を長く享受できます。iDeCoに加入することを優先し、投資をするかしないかは加入してから考えてもいいでしょう。

　iDeCoを投資の基本である「長期・積立・分散」のコア部分として使うこともできます。実際に投資をすると、特定の資産・銘柄の短期売買になってしまう人は、つみたて投資枠やiDeCoをコアの投資（確実に「長期・積立・分散」をする部分）とし、成長投資枠を個別株などの中短期売買用自由枠（サテライト部分）とするといったように、明確に分けて使うアイデアがあります。

　NISAは長期の資産形成を促進する制度ですが、短期売買でも利用することは可能です。短期売買したい投資家にとって、成長投資枠の年間投資枠240万円は少ないのですが、税制優遇のある短期売買は確実に有利です。また、リスクは高くても長期保有で大きな利益を狙うスタイルの株式投資、たとえば、テンバガー（10倍株）を狙う投資家にとっては、譲渡益の非課税は非常に魅力的です。短期売買や個別株の大きな利益狙いは、投資としては面白いのですが、リスクも大きくなります。つみたて投資枠・iDeCoを長期・積立・分散投資の枠、成長投資枠を短期投資・10倍株狙いの枠として明確に区分して管理すると、リスクのコントロールが容易になります。制度によって目的・役割をしっかり分けることがポイントです。

各世代の特性に合った活用を

　比較的若い世代は、自動化して「積み立て（お金を貯める）」と「投資（お金を増やす）」の両方ができるつみたて投資枠やiDeCoを活用するのが良いでしょう。一般的には投資に焦点を絞りがちですが、コツコツ自動化して積み立て、お金を貯める習慣を身につけることは、資産形成にとって重要だからです。しかも若い世代の場合は、一時的な損失はあったとしても、長期であれば、元本割れする可能性は低くなります。世界経済の成長の果実をじっくり享受するつもりで投資するのが望ましいでしょう。

　40代以降の世代では、iDeCoによる税軽減効果を最大限活用したうえで、新しいNISAのつみたて投資枠と成長投資枠を併用し、しっかり損益を管理して投資するのが良いでしょう。特に50代になると一時的な投資の損失に対するリカバリーの期間が短くなるため、リスク（＝投資金額）を一定の範囲内にすることも必要になります。

　また、セカンドライフ世代では、退職金や保有金融資産の一定部分（基本的には「使う予定のないお金」の一部）を、「リスクを抑えて増やすこと」や「円安・インフレへの備え」として、NISAで投資する選択肢があります。また、高配当や株主優待などを目的に、成長投資枠での長期株式投資を行うことも選択肢になります。現在の預貯金金利はほぼ0％ですが、株式配当は日経平均に採用されている225銘柄の平均でも2％前後（2023年5月現在）になり、個別企業の株式であれば、5％を上回る配当の企業もあります。NISA口座で購入すれば、配当に関しても非課税なので、値下がりのリスクはありますが、インカム収入としては魅力的な水準です。また、配当や株主優待などの楽しみがあれば、日々の値動きに一喜一憂することなく、心に余裕をもって投資をすることができるのではないかと思います。

（村井幸博）

12 DXが資産形成・投資に与えた光と影

投資に対するイメージが変化

　日本では、「貯蓄から投資へ」が進まないことが長らく課題となってきました。その理由としては、バブル期には金利が5％近くあったため銀行に預けるだけでお金が増えたこと、バブル崩壊後に株価が下落し続けたことなどが考えられます。また、「質素倹約」という言葉や「お金を稼ぐ＝労働」というイメージがあるように、資産形成に必須の「お金を稼ぐ→貯める→増やす」の流れのうち、特に「増やす」という考え方が文化として定着していないこともあるでしょう。お金や投資にネガティブな印象をもつ日本人が多いことが一因といえます。

　しかし、近年変化の兆しも現れています。2020年頃より、20〜40代のつみたてNISAの口座数や30代以下の個人株主数が増え、特に若者が投資に関心をもちはじめています。この要因の1つには、投資に対するイメージの変化があります。

　当研究所が行った調査では、年代を問わない全体では「資金に余裕がある人がやること（「あてはまる」「どちらかといえばあてはまる」の計71.5％）」や「リスクがあって怖い（同70.5％）」といった投資にネガティブなイメージをもつ人が多くみられました。それらのイメージの背後にあるのが「リスク回避因子」で、20・30代は40代以上よりもあてはまる人の割合が少ないという結果となりました（図12-1）。

　反対に、投資を身近に感じ、自分や社会にプラスになると捉えるのが「ポジティブ因子」で、20・30代のほうが40代以上よりもあてはまる傾向がみられました。

　このように、投資をリスクと思わずに、ポジティブなイメージをもつ人が増えはじめたことが、近年の若年層を中心とした「貯蓄から投資へ」を加速させていると考えられます。

図12-1　投資に対するイメージと背後の要因

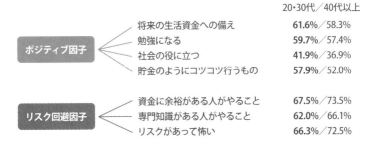

	20・30代／40代以上
ポジティブ因子 将来の生活資金への備え	**61.6%**／58.3%
勉強になる	**59.7%**／57.4%
社会の役に立つ	**41.9%**／36.9%
貯金のようにコツコツ行うもの	**57.9%**／52.0%
リスク回避因子 資金に余裕がある人がやること	**67.5%**／73.5%
専門知識がある人がやること	**62.0%**／66.1%
リスクがあって怖い	**66.3%**／72.5%

注1：%は「あてはまる」「どちらかといえばあてはまる」の合計
注2：各因子は因子分析により算出
資料：第一生命経済研究所「第12回ライフデザインに関する調査」2023年3月実施

変化の背景にあるテクノロジーの発展

　イメージの変化の背景には、11節で述べたNISAやiDeCoなど投資をはじめやすい環境の整備があるでしょう。若年層は、老後資金への不安を抱えており、投資をしないことがむしろリスクになりえます。こうしたなかで2020年に生じた新型コロナウイルス感染症拡大も投資の追い風になりました。株価が一時急落した後に急速に回復し、割安感と期待感が生じたことが、投資に関心をもつきっかけになったと考えられます。

　テクノロジーの発展も大きな要因です。スマートフォンの普及とオンラインでの金融サービス拡充により、口座開設や投資に関する情報収集、金融商品の売買が簡単にできるようになりました。金融業界のDXが投資を身近にしたのです。

　また、金融資産や毎月の収支状況を一括で管理できる個人資産管理・家計簿アプリや、人工知能が投資判断やアドバイスを行うロボアドバイザーも広がりはじめています。当研究所の調査では、利用したことがある人は、個人資産管理・家計簿アプリで14.5%、ロボアドバイザーで5.3%でした。まだ多くはありませんが、お金の管理と効果的な活用をサポートしてくれるので、こうしたサービスの普及は投資へのハードルをより下げると期待されます。

　実際に、お金に関するサービス（モバイル決済、個人資産管理・家計簿アプリ、ロボアドバイザー、暗号資産、ネットバンキング、ネット証券）の利

用状況をみると、投資経験者は平均2.6個の利用経験がありましたが、投資未経験者は平均0.9個でした。また、金融リテラシー別にみると、高リテラシー層（3点）は平均2.4個、低リテラシー層（0点）は平均0.9個と、金融リテラシーが高いほど、こうしたサービスを使っているとみられます。

　これは言い換えると、デジタルツールを使いこなせる人とそうでない人で、投資格差ひいては資産形成格差が開いてしまうおそれがあるということでもあります。そのため、金融リテラシー向上に加え、デジタルディバイド（格差）の解消やユーザーの使いやすさ向上など、「誰一人取り残さないデジタル化」を進めることが今後重要になるでしょう。

▌金融DXやテクノロジーの発展による新たなトラブル

　金融DXやテクノロジーの発展により、関心をもった人が投資しやすい環境になりつつある一方、投資に関するトラブルも増えています。たとえば、情報商材に関する消費生活相談件数が20代で増加しており、全体の相談件数のうちSNSが関連するものも増加傾向にあります（図12-2）。情報商材とは、インターネット通販等で売買される情報のことで、近年、投資や副業等で高額収入を得るノウハウと称したものがSNS上でも宣伝・販売されています。具体的な被害としては、株やFXで儲かるという情報商材を購入したところ、再現性や価格ほどの価値がなかった、さらに高額な契約を迫られた、といった事例が報告されています。

　また、マルチ商法のなかでも、「商品」ではなく、ファンド型投資商品や暗号資産への投資などの「役務」、いわゆる「モノなしマルチ」に関する相談も、20代で増加傾向にあります。コロナ禍で定着したマッチングアプリで知り合った人からの勧誘も問題となっています。

　こうしたトラブルの要因の1つとして、20代の多くが資産運用に関する情報をSNSから得ていることが考えられます（図12-3）。20代では、金融機関のHPよりもSNSを情報源としている人が多くなっています。

　SNS上には、つみたてNISAの紹介や長期・積立・分散投資の説明など、金融リテラシー向上に寄与する情報がある一方、「簡単に大金を稼いだ」といった主旨のコメントや、真偽不明の高額な口座残高の写真等を載せている

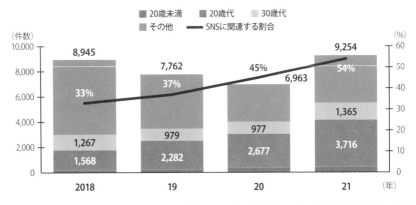

図12-2　情報商材に関する相談件数、およびそのうちSNSに関連する相談割合

凡例：20歳未満　20歳代　30歳代　その他　SNSに関連する割合

（件数）／（%）

年	SNSに関連する割合	合計	その他（上段）	30歳代	20歳代
2018	33%	8,945		1,267	1,568
19	37%	7,762		979	2,282
20	45%	6,963		977	2,677
21	54%	9,254	1,365		3,716

資料：「内閣府消費者委員会デジタル化に伴う消費者問題ワーキング・グループ報告書」および「令和4年版消費者白書」より作成

図12-3　投資経験者の資産運用に関する情報源

(%)

	SNS	動画サイト	金融機関のHP	その他インターネット上の記事	新聞
全体	13.2	9.8	31.1	45.0	29.7
20代	40.0	25.2	28.8	42.2	14.4
30代	26.8	19.6	33.5	49.1	15.9
40代	14.5	10.2	31.7	50.7	22.9
50代	9.1	7.0	32.9	43.7	27.4
60代以上	4.2	4.1	29.3	41.4	43.0

資料：金融庁「リスク性金融商品販売に係る顧客意識調査結果」より作成

ものもあります。そうした投稿は、ブログ等を介してメッセージアプリに誘導しているものも多く、なかには、メッセージアプリ上のクローズドな場での情報商材等の商品・サービスの勧誘を行う狙いもあるとみられています。

　また、こうした詐欺の被害者になるだけでなく、諸外国では若年層が個人投資家として市場を乱すケースも起きています。コロナ禍の2020年に、米国ではスマホアプリを利用して売買する「ロビンフッダー」と呼ばれる投資家が急増しました。その多くはミレニアル世代[1]といわれており、ゲーム感覚で投資を行うことで、利用者が許容度を超えるリスクをとってしまうなどのトラブルが生じたほか、人気銘柄への集中や短期売買によって市場の歪み

を生んでいる可能性が指摘されました。

　米国や韓国などを中心に、SNSなどインターネット上で注目を集めた企業の株価が、企業の業績に関係なく急激に変動する「ミーム株」と呼ばれる現象も起きています。他世代に比べて、若年層は「みんなが買うから自分も買う」といった「横並び行動バイアス」が強いといわれており、こうした群衆行動に同調しやすいとみられます。

社会とのつながりを意識した投資・資産形成

　このように、テクノロジーの進展で投資が身近になったことの負の影響も生じはじめているなか、金融トラブルを回避しながら「投資は怖いもの」というネガティブなイメージに逆戻りしないためには、金融リテラシーがいっそう重要となります。ライフデザインを行い、長期的視点で資産形成に取り組むことや、収支を把握して取りうるリスクを理解すること、高いリターンには高いリスクがつきものであると知ることなど、基本の金融リテラシーは、どんな金融サービスにも有効です。

　加えて、自分のお金と経済・社会とのつながりを意識することもとても大事です。自分の資産を増やすために、他者や地域社会に損害を与えてよいのか、使用目的が不明の相手にお金を任せてよいのか、お金が社会にどんな影響を与えるかを考え、一人ひとりが責任ある消費者・投資家を目指す必要があります。手元の資金を育てつつ、社会を育てるという意識は、健全な市場や消費社会を形成すると共に、心の豊かさにもつながり、ファイナンシャル・ウェルビーイングの向上に寄与します。

　日本でも、個人投資家を対象としたESG投資の商品・サービスが拡大しはじめており、当研究所の調査では、投資が「社会の役に立つ」というイメージをもっている人は38.6％いました（「あてはまる」「どちらかといえばあてはまる」の合計）。一方、「ギャンブル・娯楽」と捉える人も43.9％います（同上）。「社会の役に立つ」と思う層をさらに育てていくためには、まずは企業が社会環境に配慮した責任ある行動をとり、それを消費者にわかりやすく伝えていく必要があります。そのうえで、学校教育等でもSDGsなどと絡めながら責任ある投資について教え、「自分のお金でより良い社会を創る」意識

を醸成することが重要です。

　消費者一人ひとりが、お金と社会のつながりを実感することが、個人と社会のウェルビーイングの向上につながるのです。

（鄭　美沙）

注
1）ミレニアル世代とは、おおむね1980年代前半〜1990年代半ばの間に生まれ、2000年代で成人または社会人となる世代。年齢では、20代後半〜40歳前後となる。

参考文献
金融庁「リスク性金融商品販売に係る顧客意識調査結果」2021年6月
消費者庁「令和4年版消費者白書」2022年
内閣府消費者委員会デジタル化に伴う消費者問題WG「内閣府消費者委員会デジタル化に伴う消費者問題ワーキング・グループ報告書」2022年

 # 13　「ソーシャル・グッド」にお金を回してウェルビーイングを体感

ライフデザインと幸せ体感

　「お金とライフデザイン」というと、どう節約して効率的にたくさん貯めるか、何にいくらかかり、いつまでにいくら必要なのかという観点で捉えられがちです。しかしお金をやみくもに貯めたとしても、幸せを体感することはできません。保有するお金の絶対額よりも、自分自身が豊かに感じられているかといった「経済的ゆとり感」が幸福度に影響することがわかっています。つまり主観や「気持ち」がウェルビーイングに大きく関係しているのです。

　ライフデザインが行われているほど「経済的ゆとり感」、つまり「豊か」と感じる人が高いこともわかっています。ライフデザインを行うということは、自分が目指したい方向性をイメージすることでもあります。たとえば、どんな職場で誰とどう働くか、自分のキャリアをどうデザインするかといった

「幸せな働き方（稼ぎ方）」を自ら考えることです。やみくもになんとなく貯めるのではなく、目的をもって貯める「幸せな貯め方」を意識することでもあります。これにより、様々な局面で達成感を得ることができるようになり、その積み重ねが「経済的ゆとり感」をもたらします。結果として、それがお金面での幸せ体感につながると考えられます。

「消費」と幸せ体感

貯蓄や投資だけでなく、お金を「使う」という側面においても幸せを体感することはできます。

自分を幸せにすることにお金を使うのはもちろんですが、「自分を幸せにする消費をしながら、他人を幸せにする」消費スタイルがあります。たとえば、災害時にあえて被災地のものを購入する「支援消費・応援消費」について聞いたことや行ったことがある人もいるでしょう。エシカル消費（倫理的消費ともいわれるもので、消費者それぞれが各自にとっての社会的課題の解決を考慮したり、課題に取り組む事業者を応援しながら消費活動を行うこと）や、生産者や関係者の事業活動の社会的意義に賛同し、クラウドファンディングという形で支援を行うケースもあります。いずれも、人や社会のためになると考えられることを自分の利益や幸せに重ねながら行う出費です。

こうした消費スタイルは、「モノやサービスを得る」という消費の満足感を高めつつ、人や社会とのつながりを体感できるという満足感も得ることができます。「ソーシャル・グッド（Social good ＝社会に良い)」であることと、自分の消費行動を組み合わせることで、幸せ体感ができるしくみです。消費者庁などが進める「エシカル消費」や、SDGs（持続可能な開発目標）という形で他者や社会にとって「良い」消費行動が推奨されていることも、単なる「利他」ではなく、自分自身の幸せ体感につながるしくみといえます。

「応援消費」とクラウドファンディングの現状

では、応援消費やクラウドファンディングにはどれくらいの拡がり、お金の流れがあるのでしょうか。

まず、応援消費については、2011年の東日本大震災後に被災地への支援として注目を集めました。最近では、コロナ禍で危機に陥った身近な飲食店を応援したり、おうち時間が増えるなか「推し活」にいそしむ人が増えたりしたことなどもあり、再び注目を集めています。2020年に実施された20〜60代の男女1,000名を対象にした調査では、34％が応援消費の経験ありと回答しています。3人に1人が経験者ということですから、意外に身近なことといえそうです（図13-1）。

　応援消費の金額は、直近1年間では1万円未満が52％を占めており、負担にならない手軽な金額であることが重要な要素であることがうかがえます（図13-2）。こちらの資料からは、直近1年間の平均応援消費額は約8.5万円と推計できます。日本の20〜60代男女7,538万人の34％が応援消費を行っているとすると、年間の消費額は約2.2兆円となりますので、日本国内全体で考えると大きなインパクトです。

　次に、クラウドファンディングの拡がりについて確認します。クラウドファンディングの利用率は約1割に達しています。そのうち約2割は資金調達をする側で利用したと回答しています（図13-3）。クラウドファンディングは生産者と消費者をつなぐしくみですが、消費者は寄付する側だけではなく、商品やサービスを提供するための資金を調達する側にも回れるという意味で興味深い仕組みです。

　クラウドファンディングに流れるお金の量をみると、年度により増減がみられますが、2017年度の約1,749億円から2022年度には約1,910億円まで増加する見込みです（図13-4）。ただ、その内訳をみると、もともと支援金額では主力となる貸付型については、2017〜18年頃に複数の貸付型（ソーシャルレンディン

図13-1　「応援消費」の経験割合

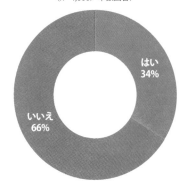

「応援消費」をしたことはありますか？
（n=1,000／単数回答）

はい
34%

いいえ
66%

資料：PR TIMES社HP（2020）PayPay銀行『「応援消費」に関する意識・実態を調査　令和の新消費スタイル　注目キーワードは『応援』と『共感』』2022年2月27日
（https://prtimes.jp/main/html/rd/p/000000229.000003984.html）

図13-2 「応援消費」の金額

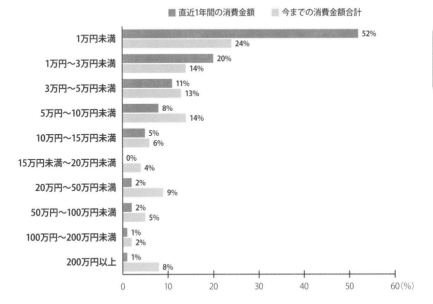

どれくらいの金額を「応援消費」に使用しましたか？
※「応援消費」をしたことのある方のみに聴取(n=338／単数回答)

■ 直近1年間の消費金額　　▨ 今までの消費金額合計

	直近1年間	今まで合計
1万円未満	52%	24%
1万円〜3万円未満	20%	14%
3万円〜5万円未満	11%	13%
5万円〜10万円未満	8%	14%
10万円〜15万円未満	5%	6%
15万円未満〜20万円未満	0%	4%
20万円〜50万円未満	2%	9%
50万円〜100万円未満	2%	5%
100万円〜200万円未満	1%	2%
200万円以上	1%	8%

資料：PR TIMES社HP（2020）PayPay銀行『『応援消費』に関する意識・実態を調査 令和の新消費スタイル 注目キーワードは『応援』と『共感』』2022年2月27日
（https://prtimes.jp/main/html/rd/p/000000229.000003984.html）

グ）のクラウドファンディング運営企業で行政処分が相次いだこともあり、低迷が続いています。一方、そのほかのタイプでは不動産型と株式型の今後の市場拡大が期待されます。また、事業投資型ではESG関連などのプロジェクトが起案されるなど、2021年度以降、需要が高まっています。貸付型も適正化が進行しており、今後は市場全体で約2,000億円規模に発展していくと見込まれ、より大きなソーシャル・グッドへのインパクトを生み出すことが期待されます。

つなぐ存在としての消費者像

　消費者は、もはや単なる「エンドユーザー（最終消費者）」ではありません。

図13-3 クラウドファンディングの認知率と利用状況

〈クラウドファンディングの認知率〉

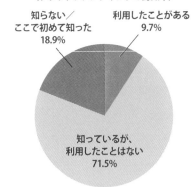

知らない／
ここで初めて知った
18.9%

利用したことがある
9.7%

知っているが、
利用したことはない
71.5%

全国20-69歳 全体 n＝10,943

〈クラウドファンディングの利用状況〉

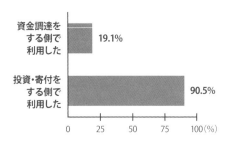

資金調達を
する側で
利用した　19.1%

投資・寄付を
する側で
利用した　90.5%

全国20-69歳 クラウドファンディング利用経験者 n＝1,058

資料：PR TIMES社HP（2022）「モニタス、『クラウドファンディングに関する調査』を発表」2022年10月18日
（https://prtimes.jp/main/html/rd/p/000000028.000008679.html）

図13-4 国内クラウドファンディングの新規プロジェクト支援額（市場規模）推移

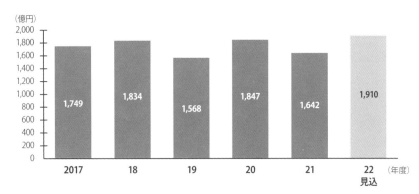

（億円）

2017	18	19	20	21	22見込
1,749	1,834	1,568	1,847	1,642	1,910

（年度）

注1：年間の新規プロジェクト支援額ベース
注2：2022年度は見込値
注3：「事業投資型」「不動産型」「寄付型」「購入型」「貸付型（ソーシャルレンディング）」「株式型」の6類型を対
　　　象とした。ただし、ふるさと納税サイトは対象としていない。
資料：株式会社矢野経済研究所「国内クラウドファンディング市場の調査（2022年）」2022年8月3日

正しい商品・サービスを選択することを通じて、社会的意義のある商品・サービスを提供する事業者を支えており、SDGsでいうところの「使う責任」を遂行することでバリューチェーンの一部をなす「つなぐ」存在です。消費者自身が、社会をより良い方向に向けることを意識した消費行動を取ることで、消費の好循環と持続的な社会形成につながります。

　自分の消費が社会や誰かの役に立つという「つながり感」として満足を得ることは、3つの人生資産でみれば「お金とつながりの補完関係」といえるでしょう。精神的な充足感を得られる消費の仕方を意識することで、自分の暮らしにゆとりを感じ、それが幸福感につながっていきます。

寄付や募金は誰に効果があるのか

　では、「モノやサービスを買う」という消費行動ではなく、寄付や募金と幸せとの間には、何か関係はあるのでしょうか。寄付や募金を「人のためになることを、自分の幸せに重ねながら行う出費」と捉えられれば、十分幸せ体感につながる行動となります。

　先に述べたように、金融資産が増えていっても、その大きさと幸福度の関連性は低下します。こうしたなかで、世界の大富豪には、社会貢献や人助けに力を入れてきた人たちが多くいますが、こうした行動は単に経済的な余裕から行っているというだけではなさそうです。当研究所の調査結果でも、寄付や社会貢献消費を行っている人は確かに収入や保有金融資産が多いとの特徴があります。ただし、これは単純に「余裕があるから行っている」だけでなく、「社会への貢献行動でつながりを体感し、それを通じた幸せを体感している」という部分がありそうなのです。まさに、「人のためになることを、自分の幸せに重ねながら行う出費」です。そう考えると、こうした行動は、単なる自己犠牲を伴う「利他行為」ではなく、自分自身が社会とのつながり感を感じ、幸せ体感を得るためのWIN-WINな行動であるともいえそうです。

寄付や募金の現状

　寄付・募金は、たとえばコンビニでも募金箱が置いてあるなど、最も身近

な「つながり消費」です。日本ファンドレイジング協会の調べによると、2011年の東日本大震災を機に寄付・募金を行う人が7割近くにまで急増しました。その後、減少していますが、45％前後と震災以前の水準から1割近く上昇して今に至っています（図13-5）。東日本大震災をきっかけに、「社会貢献でつながりを体感し、それを通じた幸せを体感する」という感覚が浸透してきたといえるのではないでしょうか。同協会は、コロナ禍を経て「身近な人との助け合い」「見知らぬ他者との助け合い」が必要だという人々の思いが強まった（回答割合は前者で43.6％、後者で29.6％）という結果も示しています。

　個人の寄付金の総額は、2020年度の推計で1.2兆円に達しており、社会的にもインパクトが大きいものとなっています。コロナ禍でつながりの大切さを改めて実感した人も多いことから、寄付・募金を行う人がさらに増加していく可能性もあります。

▍「つながり投資」で幸せ体感

　こうしたなか、最近見直されているのが「投資」のあり方です。従来は「株

図13-5　個人寄付推計総額・個人会費推計総額・金銭寄付者率の推移

注：2011年は震災関係の寄付（5,000億円）を含み、金銭寄付者率も震災関係以外の寄付者率（29.4％）を含む。
　　2012年以降、本調査は隔年実施、また2016年以降は4年に1度実施へと変更になった
資料：日本ファンドレイジング協会「2022年サマリ・日本の寄付市場予測」P3
原出所は日本ファンドレイジング協会編『寄付白書2021』2021年

は株屋」といわれるように、一部の専門家が扱うものと考えられていましたが、初等教育でも「投資」という概念が取り入れられるなど、人々の捉え方が大きく変わってきました。投資は、単に支出した額以上のリターンを回収するということだけでなく、社会の改善や持続にかかわる行動であり、「社会とのつながり」の一部として、再認識されつつあります。

　投資家の間でも、環境（Environment）、社会（Social）、企業統治（Governance）を考慮したESG投資が重視され、社会的な「意義」を考えた投資が推奨されています。

　消費者が単なる「エンドユーザー」ではなく、バリューチェーンの1つをなす「つなぐ」存在として機能しはじめたように、投資においても、消費者が社会を回す動力となるべく立ち位置を変えはじめています。いわば「つながり投資」といえます。消費や投資を通じて社会とのつながりを実感し、幸福感を得ること、それが「ファイナンシャル・ウェルビーイング」であるといえるでしょう。

ESG投資の現状

　では、ESG投資に対する関心はどの程度広がっているのでしょうか。ESG投資への関心に関する調査によると、全体の18％が今後（5年以内）ESG投資を行いたいと回答しています（図13-6）。特に、20・30歳代の若年層で投資意向が高い傾向があります。

　調査を実施した会社では、この投資意向をもとに、今後5年間でESG投資を実施する人が1,000万人弱にまで広がる可能性があるとしています。

　ESG投資のソーシャル・グッドへのインパクトをみるため、国内のESG投資残高をみると、2016年の56兆円から、2022年には494兆円まで9倍近く増加しています（図13-7）。同期間に運用会社の総資産に占める割合も、17％から62％にまで上昇しました。このESG投資残高は過大という評価もあります[1] が、仮に1割の50兆円だとしても、社会的なインパクトは相当大きいといえるでしょう。

　ただしESG投資については、近年いくつかの課題が示されています。その1つは、運用パフォーマンスの相対的な低下です。ロシアのウクライナ侵攻

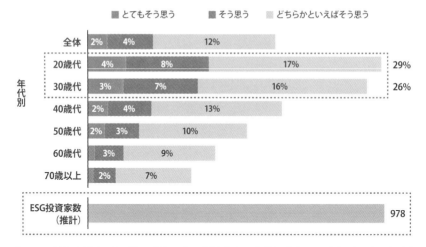

図13-6　ESG投資に対する関心度と潜在的ESG投資家数（推計）

注：ESGに対する関心度は次の質問に対する回答を集計したもの。「環境や社会問題、企業のあり方などを考慮して投資をおこなうことをESG投資といいます。あなたは、ESG投資に今後（5年以内）投資したいですか」（全体n=21,891）
資料：野村アセットマネジメント「投資信託に関する意識調査」2021年

図13-7　ESG投資残高と総運用資産に占める割合の推移

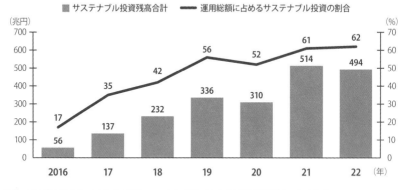

資料：NPO法人日本サステナブル投資フォーラム「サステナブル投資残高調査」より作成

をきっかけとした化石燃料などの資源価格の高騰、防衛産業の株価上昇など、ESG投資の対象外とされていた資産の価格が上昇したことが背景にあります。2つめは、米国の一部で目立つ反ESGの動きです。共和党が知事を務

める一部の州では、公的年金の運用先からESG投資を除外する動きが相次いでいます。3つ目は、欧米当局によるESG投資を行う資産運用会社への規制の強化です。これは、投資信託の運用などで見せかけのESG対応（いわゆるESGウォッシュ）があるのではないかという批判に対応して、より厳密にESG投資を対象とした運用が求められるようになったことが背景にあります。

1点目と2点目については、完全に元どおりとはならないかもしれませんが、長期的には揺り戻しも想定されます。国連の調査によると、2030年に期限を迎えるSDGsを達成するためには、世界的に年間5〜7兆ドルの投資が不足する[2] といった試算もあり、ESG投資の重要性は揺るがないと考えられるからです。3点目については、ESG投資がより厳密になることで、社会的なつながりを意識した投資を望む個人投資家などにとっては、かえって安心して投資できるようになると考えられます。

豊かさとつながりを体感する機会を自ら作ることで幸せ体感

以上を通じてみえてくるのは、「お金があるから豊かさを感じ、それゆえに幸せ」なのではなく、「豊かさを感じることを行い、幸せを体感する」という構造です。これは、現在ウェルビーイングの研究でいわれている「『国や従業員が豊かだから幸せ』なのではなく『人々が幸せであることが国や従業員を豊かにする』」という考え方や、アメリカの哲学者・心理学者であるウィリアム・ジェームズの「人は楽しいから笑うのではない、笑うから楽しいのだ」との言葉にも通じるものです。

金融とは、まさに「お金を融通すること」です。個人が投資を通じて自身の将来に備えることも大切ですが、豊かな未来を描いて社会を育てる視点でお金を動かすことも、これからの金融のあり方ではないでしょうか。そうした点を含んだ金融教育が、ファイナンシャル・ウェルビーイングの意識を浸透させ、持続性のある社会創造に向けた一助となると思われます。

私たちは豊かさや幸せの構造を改めて見直し、古い知識や概念を捨て（アンラーニング）、時代に応じた生き方・暮らし方を、金融の側面でも取り入れていくべき時期を迎えているのではないでしょうか。

（宮木由貴子、村上隆晃）

注

1)「ESG投資運用残高について、調査結果が過大で、体系的・積極的にESG要素を組み込んだ投資は10分の1程度に過ぎないという指摘もある」国立国会図書館「ESG投資の動向と課題」『調査と情報 No.1104（2020.7.14)』P3　注6を参照。

2) 三菱UFJ信託銀行「インパクト投資 −現状とその可能性−」『三菱UFJ信託資産運用情報』2019年5月号P3を参照。

14 一人ひとりが満足できる働き方を選択できる時代に

70歳まで現役時代の幸せな働き方を探る

　私たちの社会は今、少子高齢化によって人口が減少するなかで、年齢を問わず、能力を発揮して活躍できる環境を整備することにより、働き手を増やし、経済成長を目指しています。働く個人にとっても、年金受給年齢の引き上げ等により、できるだけ長く働き続けて生活を支えることが必要です。

　こうしたなか、健康寿命は年々少しずつ延びており、2019年の調査では男性72.68年、女性75.38年と、男女共に70歳を過ぎても健康でいられる人が多いようです。また「高年齢者等の雇用の安定等に関する法律」（高年齢者雇用安定法）の改正により、70歳までの就業機会の確保措置を講じることが企業の努力義務となりました。これからは、70歳まで現役で働くことを前提として、自らの働き方、生き方を考えることが「ニューノーマル」となるのではないでしょうか。

　今後、私たちの社会は、ますますテクノロジーが進化し、働くうえで必要なスキルや知識も変わっていきます。自分らしく、しかも長い期間働き続けるためには、社会の変化の波に乗り、どのような人材が求められているかを常に意識し、自分をアップデートさせながら働く必要があります。

　他方、長い職業人生の間には、結婚や出産、子育て、介護などのライフイ

ベントがあり、趣味やライフワークも大切にしながら働きたいという人もいます。これからは多くの人がライフステージや価値観に合わせて主体的に満足のできる働き方を選択できることが、ウェルビーイングな働き方につながると思われます。

「働きやすさ」「働きがい」の意味するものは?

　幸せな働き方は人によって違いますし、一人ひとりのなかでもライフステージによって異なります。働きやすくて、働きがいも同時に実感できる働き方が理想的ですが、どちらかに偏ることのほうが多いかもしれません。働きやすさを我慢して働かざるを得ない状況に身を置く場合もありますし、働きやすさに重きを置いて働く場合もあるでしょう。

　当研究所で実施したアンケート調査において、「働きやすさ」とはどのようなことを意味するのかをたずねたところ、「人間関係が良好で安心して働けること」が最多で、以下、「自分のペースで仕事を進められること」「満足のいく収入が得られること」「リラックスして働けること」が続いています（図14-1）。多くの人にとって「働きやすさ」とは、精神的に安心して、自分のペースで働くことができて、収入も満足できることを意味していることがわかります。

　これに対し「働きがい」についての設問では、「満足のいく収入が得られること」に最も多くの回答が寄せられました。多くの人にとって「満足のいく収入」は、「働きやすさ」と共に「働きがい」にとっても重要な要素であることがわかります。次いで、「自分の能力が活かせること」「好きな仕事ができること」「人の役に立つ仕事ができること」の順となっており、「働きがい」には仕事内容や能力発揮が重要な要素であることがわかります。

仕事で感じる「コンフォートゾーン」と「ストレッチゾーン」

　「働きやすさ」「働きがい」に似た概念として、「コンフォートゾーン」と「ストレッチゾーン」というものがあります。心理学の分野でコンフォートゾーンとは「安心して快適に過ごせる領域」、ストレッチゾーンとは「適度な刺

図14-1 「働きやすさ」「働きがい」とはどのようなことか（3つまでの複数回答）

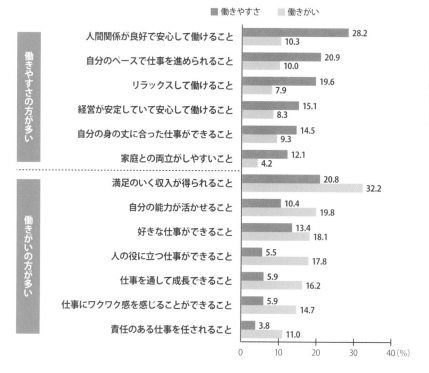

■ 働きやすさ　▨ 働きがい

働きやすさの方が多い

	働きやすさ	働きがい
人間関係が良好で安心して働けること	28.2	10.3
自分のペースで仕事を進められること	20.9	10.0
リラックスして働けること	19.6	7.9
経営が安定していて安心して働けること	15.1	8.3
自分の身の丈に合った仕事ができること	14.5	9.3
家庭との両立がしやすいこと	12.1	4.2

働きがいの方が多い

	働きやすさ	働きがい
満足のいく収入が得られること	20.8	32.2
自分の能力が活かせること	10.4	19.8
好きな仕事ができること	13.4	18.1
人の役に立つ仕事ができること	5.5	17.8
仕事を通して成長できること	5.9	16.2
仕事にワクワク感を感じることができること	5.9	14.7
責任のある仕事を任されること	3.8	11.0

注：働いている人対象
資料：第一生命経済研究所「第12回ライフデザインに関する調査」2023年3月実施

激、負荷がある領域」のことを示します。したがって、働きやすさはコンフォートゾーンに、働きがいはストレッチゾーンにつながる概念であることが類推できます。

　コンフォートゾーンで働いている人のなかには、「家庭や趣味と両立」を重視したい人もいれば、今の仕事は「退屈」と思っている人もいます。当研究所のアンケート調査によれば、「家庭や趣味と両立」を重視したい人は仕事に満足している人が多いですが、今の仕事は「退屈」と思っている人においては仕事に満足している人は少ないという結果が示されています（図14-2）。

　また、ストレッチゾーンで働いている人のなかには、「成長実感あり」の人もいれば、「責任が重く、負荷が高い」人もいます。「成長実感あり」の人

は仕事に満足している人が多いですが、「責任が重く、負荷が高い」人のなかには仕事に満足している人は少ないという結果です。

図14-2　仕事意識と幸福度得点

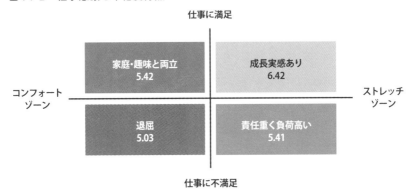

注：働いている人対象。幸福度得点は、現在の生活全体の満足度について、0点（まったく満足していない）から
　　10点（非常に満足している）までの回答の平均点。
資料：第一生命経済研究所「第12回ライフデザインに関する調査」2023年3月実施

　この4つのパターンについて、幸福度を計測したところ、「成長実感あり」が最も幸福度が高く6.42点、次いで「家庭・趣味と両立」が5.42点、「責任重く、負荷高い」が5.41点、「退屈」が最も低く5.03点でした。

　コンフォートゾーンでプライベートの時間も重視しながら働いている人も、ストレッチゾーンで成長を実感してやりがいをもって働いている人も、仕事に対する満足度は高いですが、幸福度は「成長実感あり」の人のほうが高くなっています。ストレッチゾーンは適度な刺激や負荷があるものの、長期的には自身の成長が期待できる働き方ともいえます。そのため、快適なコンフォートゾーンよりも幸福度が高いのかもしれません。

　ちなみに、「責任重く、負荷が高い」人では仕事に不満足という人が多いですが、幸福度をみると、コンフォートゾーンの「家庭・趣味と両立」を重視して働いている人と大差がありません。むしろ、コンフォートゾーンの「退屈」である人のほうが幸福度が低いです。仕事は「楽」であっても、新しいことに挑戦できず、成長実感が得られなければ、ウェルビーイングを感じられず「楽しくない」のかもしれません。

ある程度、ストレスや責任などの労働負荷があったとしても、それを前向きに成長機会として捉えることができれば、ウェルビーイングにつながる働き方ができるということです。

また、何を重視して働くかは、人それぞれの価値観や健康状態によって違いますし、一人ひとりライフステージによって異なるということもいえます。コンフォートゾーンで、生活の一部として仕事を捉える「ワーク・イン・ライフ」の考え方の下、趣味や家族などの時間も大切にする生き方を選択したいという人もいれば、高齢者や病気療養中などのため体力的に無理ができない人もいます。あるいはストレッチゾーンで、年齢を問わず、新しいことに挑戦したい人もいます。どのような働き方であっても、自分が満足の得られる働き方を選択できることがウェルビーイングにつながります。

ジョブ・クラフティングでウェルビーイングの向上を

ウェルビーイングな働き方にとって、働きやすさと働きがいは共に重要な要素ですが、働きやすさは職場環境や風土に依存することが多いのに対して、働きがいは自ら能動的に獲得することができる余地があるといえるでしょう。

そこで、働きがいをもって仕事をするために個人が工夫していることをたずねた結果、全体では、「自分に与えられた仕事を頑張る」が最も多く、次いで、「自分の仕事が楽しくなるように自ら工夫する」「共に働いている人と良好な人間関係を築く」と続いています（図14-3）。

これらの内容は、「ジョブ・クラフティング」の考え方にもつながっています。米国の大学教授であるエイミー・レズネスキー氏とジェーン・E・ダットン氏によって2001年に提唱された概念で、仕事のやりがいや満足度を高めるために、自分の働き方に工夫を加える手法とされています[1]。ジョブ・クラフティングをしている人は、いきいきと仕事ができて、心理的なストレスが低いことが報告されています。そのため、健康やパフォーマンスにも良い影響があり、ウェルビーイングの高い働き方ができるということです。

仕事のやりがいを高めるためのジョブ・クラフティングには、3つの手法があります。1つは「作業クラフティング」です。仕事の中身がより充実し

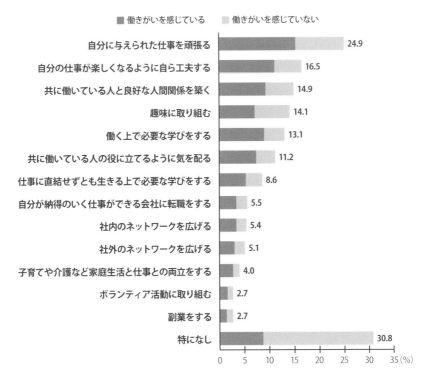

図14-3　働きがいをもって仕事をするために実行していること（複数回答）

■ 働きがいを感じている　■ 働きがいを感じていない

項目	値
自分に与えられた仕事を頑張る	24.9
自分の仕事が楽しくなるように自ら工夫する	16.5
共に働いている人と良好な人間関係を築く	14.9
趣味に取り組む	14.1
働く上で必要な学びをする	13.1
共に働いている人の役に立てるように気を配る	11.2
仕事に直結せずとも生きる上で必要な学びをする	8.6
自分が納得のいく仕事ができる会社に転職をする	5.5
社内のネットワークを広げる	5.4
社外のネットワークを広げる	5.1
子育てや介護など家庭生活と仕事との両立をする	4.0
ボランティア活動に取り組む	2.7
副業をする	2.7
特になし	30.8

注：働いている人対象
資料：第一生命経済研究所「第12回ライフデザインに関する調査」2023年3月実施

たものになるように、仕事のやり方を工夫することです。図14-3の「自分の仕事が楽しくなるように自ら工夫する」がこれに対応しています。自ら新しく学んだことを取り入れたり、必要性の高さに応じて業務を絞り込んだりして、主体的に自分の仕事の範囲や量を調整しながら、前向きに働くことを目指すものです。

　2つ目は「人間関係クラフティング」です。仕事でかかわる人との接し方を工夫することで、仕事に対する満足感を高めることを目指します。これは「共に働いている人と良好な人間関係を築く」に相当します。自分から積極的にコミュニケーションを図り、信頼関係を高めることで、仕事に対する満足感を高めようとするものです。

　3つ目は「認知クラフティング」です。自分にとって仕事とは何か、仕事の意味を見つめ直したり、自分の興味関心と結び付けて考えたりして、仕事の捉え方や考え方を工夫することです。これは「自分に与えられた仕事を頑張る」のなかに含まれると思われます。やらされ感のあるような仕事でも、自分の興味や関心と結び付けて仕事に取り組むことで、やりがいのあるものに変え、誇りをもって働くことを目指そうとするものです。

　このほか、「働く上で必要な学びをする」「仕事に直結せずとも生きる上で必要な学びをする」のように、学びながら働いている人も働きがいを感じている人が多い傾向がうかがえます。

　このように、どうしたら自分の仕事が楽しいものになるか、働きがいのある仕事ができるのか、視野を広げて考え、工夫をしながら働くことが、ウェルビーイングな働き方につながるようです。

働いていてウェルビーイングを感じる瞬間は？

　働いている人々はどのようなときに幸せを感じているのでしょうか。働いていて幸せを感じる瞬間をたずねたところ、「お給料をもらったとき」に最も多くの人が回答しました（図14-4）。やはり多くの人にとって働く喜びは「お金」であり、生活のために収入を得ることが前提です。

　次に多かったのは「お客様に感謝されたとき」「職場の人に感謝されたとき」というように、「感謝されたとき」が続いています。感謝されるということは、自分の仕事が誰かの役に立ったことを実感できますし、自分の仕事に価値を感じられる瞬間でもあると思われます。「ありがとう」という感謝の言葉が、多くの人々の働くモチベーションの源であることがうかがえます。特に若い人は、「お客様」よりも「職場の人」から感謝されたときのほうが幸せを感じる人が多いようです。まずは、自分から積極的に感謝の気持ちを伝えて、「ありがとう」の輪を広げていくことが、職場全体のウェルビーイングにつながると思われます。

図14-4　働いていて幸せを感じる瞬間は？（複数回答）

(%)

	お給料をもらったとき	お客様に感謝されたとき	職場の人に感謝されたとき	職場の人に褒められたとき	自分の成長を実感できたとき	自分が仕事上の目標を達成できたとき	お客様や職場の人とのつながりを感じたとき	自分が昇給したとき	自分が昇進・昇格したとき	部下や後輩の成長を実感できたとき
全体	55.8	33.6	30.5	21.6	21.4	18.3	15.0	14.5	10.2	7.5
20代	60.8	24.2	26.1	23.7	20.8	15.7	10.1	17.1	11.2	6.3
30代	58.4	27.7	27.8	23.6	22.4	17.5	13.7	17.8	13.3	6.5
40代	56.9	32.4	31.0	22.5	20.6	16.5	14.3	14.2	10.6	7.3
50代	53.3	38.6	33.3	20.2	21.4	19.0	17.2	12.8	8.5	8.9

注：働いている人対象
資料：第一生命経済研究所「第12回ライフデザインに関する調査」2023年3月実施

■一人ひとりがオリジナルのキャリアを

　社会変化が激しく、先の見通しが見えづらいこれからは、一人ひとりが長い職業人生を幸せに歩むために、自ら主体的にどのように働くのかを選んでいく時代です。コロナ禍を経験し、自分の人生、働き方を見つめ直した人も多いです。子育てが一段落して、これからは自分の人生を生きようと、生きがいを感じながら働いている人もいます。スキルアップを優先して転職先を探す人、転職をして趣味や家庭との両立ができる仕事に働きがいを感じる人、新しい変化に対応するために自らのスキルを見直し、バージョンアップを模索して、成長実感が得られることに働きがいを感じる人、人間関係が良くて安心して働けることに働きがいを感じる人など、自分の価値観やライフステージに合わせて、満足の得られる働き方を選択できることがウェルビーイングにつながります。多くの人が満足のできる働き方ができるように、企業においても働き方の選択肢を広げることが重要になるでしょう。

　一人ひとりの長い職業人生で予想もしないような変化が起きても、それを前向きに捉え、自分の価値観に照らし合わせて、自分ができること、やりたいことを伸ばし、オリジナルのキャリアを磨き続けることが、これからの

ウェルビーイングな働き方のために大切なことです。

（的場康子）

注
1) 厚生労働省「令和元年版労働経済の分析－人手不足の下での「働き方」をめぐる課題について－」2019年9月

15 職場のウェルビーイング

▌注目される「エンゲージメント」

　職場のウェルビーイング向上の取組みにおいて、今ビジネス界で注目されているのが「エンゲージメント」の向上です。エンゲージメントは「約束」「契約」などの意味をもつ英単語ですが、従業員や職場の状態を「ワーク・エンゲージメント（従業員エンゲージメント）が高い（低い）」というように表します。

　ワーク・エンゲージメントとは、「個人」と「仕事全般」との結び付きの強さを示した概念で、「仕事に誇りや、やりがいを感じている（熱意）」「仕事に熱心に取り組んでいる（没頭）」「仕事から活力を得ていきいきとしている（活力）」の3つが揃った状態と定義されています（図15-1）。

　似たような言葉に「職務満足感」がありますが、ワーク・エンゲージメントが仕事を「している時」の

図15-1　ワーク・エンゲージメントの概念図

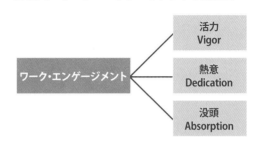

資料：厚生労働省「令和元年版労働経済の分析」より作成

感情や認知を示す一方、「職務満足感」は仕事「そのものに対する」感情や
認知を意味しており、必ずしも仕事に没頭している状態を表しているわけで
はありません。ワーク・エンゲージメントと関連する概念を「活動水準」と
「仕事への態度・認知」を軸に整理すると、図15-2のようになります。ワー
ク・エンゲージメントと対極に位置する状態が「バーンアウト（燃え尽き）」
で、「仕事に対して過度のエネルギーを費やした結果、疲弊的に抑うつ状態
に至り、仕事への興味・関心や自信を低下させた状態」と定義されています。
「ワーカホーリズム」は「過度に一生懸命に脅迫的に働く傾向」であり、「活
動水準」が高い点ではワーク・エンゲージメントと共通しているものの、「仕
事への態度・認知」という面では否定的になります。

図15-2　ワーク・エンゲージメントと関連する概念の整理

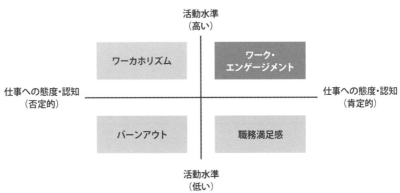

資料：厚生労働省「令和元年度版労働経済の分析」より作成

　ワーク・エンゲージメントを向上させることで、新入社員の定着率の向上
や従業員の離職率低下に加え、従業員の労働生産性向上につながる可能性が
あり、近年多くの企業が注目しています。厚生労働省が行った分析では、個
人の労働生産性の向上と労働生産性（マンアワーベース）の水準は、働きが
いと正の相関関係があることが示されています（図15-3）。
　個人と仕事全般との結び付きを示したものがワーク・エンゲージメントで
すが、「組織コミットメント」などの個人と組織との結び付きなども考慮し、
ワーク・エンゲージメントよりも少し広い意味をもつ概念が「エンゲージメ

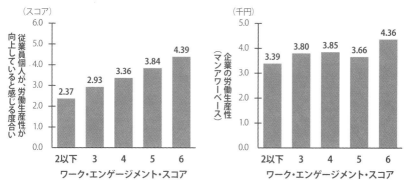

図15-3　ワーク・エンゲージメント・スコアと労働生産性との関係

資料：厚生労働省「令和元年版労働経済の分析」より作成

ント」「従業員エンゲージメント」です。一般社団法人日本経済団体連合会（経団連）は、エンゲージメントを「働き手にとって組織目標の達成と自らの成長の方向性が一致し、『働きがい』や『働きやすさ』を感じる職場環境のなかで、組織や仕事に主体的に貢献する意欲や姿勢を表す概念」と整理しています。働き手のベクトルと組織のベクトルを合わせることも働き手の主体性や意欲を喚起することにつながり、組織の競争力を強化します。

なぜエンゲージメントが注目されるのか

　近年、多くの企業が従業員のエンゲージメント向上に取り組んでいます。その背景には、企業が働き手を「選ぶ」側から働き手に「選ばれる」側にもなったことが挙げられます。未来予測が困難な時代、今までと同じビジネスを続けているだけでは生き残ることが難しくなっています。どんな企業でも企業内イノベーションが不可欠になるなかで、AIへの代替も並行して進んでおり、即戦力となる有用な働き手から「選ばれる」会社になる企業努力が求められています。

　これまで日本では、大企業を中心に終身雇用を前提としたメンバーシップ型雇用を採用していました。いわゆる「総合職」として、職務を限定せずに新卒を一括採用し、勤務地や職務内容の配置転換は会社が決める代わりに、

長期雇用、年功序列型の給与を保証するというものです。解雇権濫用法理の規定により、従業員が解雇される可能性は高くなく、キャリアパスも会社の意向が優先されるため、俗に「就職」ではなく「就社」といわれていました。メンバーシップ型雇用については、給与が上がるまでに時間がかかることや、自分のやりたい仕事に携われないことによる従業員のモチベーションの低下がデメリットとして指摘されています。

　しかし、コロナ禍を経て働き手の就労意識が変化してきました。キャリアアップやワークライフバランスを目的に転職する人も増え、転職へのマイナスイメージが薄れてきています。「ひとつの会社に定年まで勤める」時代は終わりを迎えつつあり、「より良い環境を求めて転職する」時代へと移りはじめています。特に優秀な人ほどキャリアアップや収入アップへの意欲が高く、企業にとって人材の流出を食い止めることが大きな課題になっています。

■ エンゲージメントを高める企業の取組み例

　以下では、従業員のエンゲージメントを向上させるための具体的な取組みを紹介します。

①社内公募制度（求人型）、社内FA制度（求職型）

　企業は人事部主導の従業員の配置転換、いわゆる人事異動を行っています。しかし、その方法ですべての社員のニーズを満たすことは難しく、人事面談などで希望部署を伝える機会はあっても、最終的な異動を決めるのは人事部門になります。そのため、意に沿わない異動によって不満を感じる社員も少なからずいました。

　今や社員の仕事に対する意識は多様化しており、人事部主導による適材適所の人材管理が難しくなりつつあります。そこで、社員自らが部署や仕事を希望する「社内公募制度」や「社内FA制度」といった制度を採用する企業が増えています。

　「社内公募制度」は、人材を必要とする部署が社内募集を行い、応募した社員と面談のうえ、双方が合意すれば異動が成立するという、人事部が介入

しない人事異動のことをいいます。「社内FA制度」は、プロ野球のFA（フリーエージェント）のように、一定のFA資格をもった社員が自分のやりたい仕事、自分の能力をPRしたうえで、FA宣言を行います。その後、社員自らが希望する部署に働きかけたり、自分を必要とする部署からのスカウトを待ったりする制度です。いずれの制度も、社員の自己実現やキャリアアップをサポートし、個人のやる気を引き出すと共に、社内の活性化を図ることを目的としています。経団連の会員企業を対象としたアンケート調査では、半数以上が社内公募制度を、約17％が社内FA制度を導入しているなど、多くの企業で導入が進んでいます（図15-4）。

図15-4　社員本人の意向を重視する施策の導入状況（複数回答　n = 326）

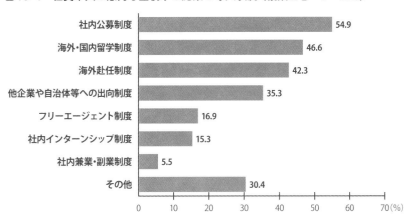

資料：一般社団法人日本経済団体連合会「人材育成に関するアンケート調査結果」（2020年1月）より作成

②ノーレイティング評価

「ノーレイティング」とは人事評価制度の一種で、相対的なランク付け（レイティング）をしない評価制度のことをいいます。ランク付けしない代わりに、上司と部下とのきめ細かな対話（1on1など）による目標設定やフィードバックを軸に人材を評価します。

現在の主流である相対的な人事評価の問題として、組織自体の成長がランク付けに反映されにくいことや、自社内での競争がいきすぎて、協力し合う文化が失われるおそれがあることが挙げられています。

そのため、グローバル企業を中心に、ビジネス環境の変化に柔軟に対応できるといわれるノーレイティングを導入する企業が増えています。ただし、ノーレイティングは、上司が部下の実績に対する適切な絶対評価ができるという前提に立っており、導入にあたっては全社的なマネジメント力の強化が重要な課題となります。

③ピアボーナス制度

　ピアボーナス制度とは、「ピア（仲間）」と「ボーナス（報酬）」を組み合わせた造語で、従業員同士で、ポイント（≒報酬）を添えてリアルタイムに感謝や賞賛のメッセージを送り合う制度です。貯まったポイントは商品に交換することもでき、制度活用のインセンティブになっています。送った感謝や賞賛のメッセージは全体に公開されているため、当事者以外もメッセージを見ることで同僚の隠れた好取組みを知ることができます。また、メッセージには「#（ハッシュタグ）」をつけることもできるので、たとえば会社のバリューをハッシュタグ化し、会社の価値観に合った好取組みにハッシュタグをつけて評価することもできます。こうして、部署間、出社・テレワーク間の垣根を越えた感謝や賞賛の輪を広げることで、従業員のエンゲージメント向上を図ります。

　当研究所では、2021年6月〜23年3月の約2年間、ピアボーナス制度のトライアルを実施し、その効果検証を行いました。ピアボーナス制度の導入前後で社内独自のエンゲージメント調査を行ったところ、導入前の21年5月末と比較して「相互理解」「職務」「組織風土」など、ほぼすべてのエンゲージメント要素が改善しました（図15-5）。

　また、従業員へのヒアリングでは、「今まで関わりが少なかった他部署の人とコミュニケーションが取れる」「在宅で出社時の雑談が減ってしまったが、業務とプライベートの中間的コミュニケーションの場になっている」など、社内コミュニケーションが活性化したことがうかがえました（図15-6）。

　コロナ禍で社員の半数以上が在宅勤務となり、社内コミュニケーションが大きく減った時期ではありましたが、ピアボーナス制度を導入し、今まで埋もれていた従業員の好取組みが「見える化」されたことで、お互いを認め合う風土が醸成され、①相互理解・承認を通じた心理的安全性の強化、②やり

図15-5　社内エンゲージメント調査結果
（ピアボーナス制度導入前2021年5月と導入後2021年12月の比較）

要素	設問概要	12月 平均点	5月末 平均点	5月末→ 12月増減
相互理解	自部署・他部署の仕事理解や交流	5.09	4.77	0.32
職務	やりがい、裁量、達成感、活き活き	5.62	5.32	0.31
組織風土	他部署が協力的、挑戦を讃える	5.38	5.11	0.27
自己成長	スキルアップ、チャンス、能力活用	5.60	5.39	0.22
承認	仕事仲間による成果承認・傾聴、社内評価	5.35	5.15	0.21
支援	上司・仕事仲間の職務・成長支援	5.46	5.26	0.20
環境	職場環境、WLB、報酬	5.57	5.39	0.19
eNPS	事業・サービスの推奨、会社の推薦	5.40	5.28	0.12
理念戦略	ビジョン・事業戦略に共感、経営陣が誠実	5.53	5.43	0.10
健康	仕事量、イライラ、頭が重い	4.54	4.46	0.08
人間関係	上司が誠実、上司・仕事仲間との関係	5.38	5.38	0.00
全体		5.35	5.17	0.19

※5月末からの増減ポイント順
※回答は、1（まったくあてはまらない）〜7（とてもあてはまる）の7点尺度
資料：第一生命経済研究所　社内アンケート（2021年12月実施）

図15-6　ピアボーナス制度に関する社内ユーザーの声

■総論として「業務の見える化」「新人のソフトランディング」両面の観点から、ピアボーナス制度がうまく活用されている。

■在宅が続く中、他の人の業務や行動、人となりを知ることができ、コミュニケーションの一部が補完されている。

■在宅で雑談が減ってしまったが、そういうところを埋め合わせている（業務とプライベートの中間的コミュニケーション）。

■細かい日常業務について、感謝が共有され、上司・同僚からもリアクションがあるので、モチベーションが上がる。

■投稿を話題に今まで関わりが少なかった他部署の人とコミュニケーションが取れる。投稿をきっかけに他部署とのコラボレーションの事例も出ている。

■マネジメントの立場からも、リモートワークが続く中で、細かい日常業務の動きを把握できるようになったのは大きい。

■業務上、他部から独立的気味に仕事をしているメンバーが、タイムラインを流し読みしているだけでも、社内で何が起こっているか、同じ空気感を感じられるので疎外感がなくなったという意見。

資料：第一生命経済研究所　社内アンケート（2021年12月実施）

がい感や自己成長、自己効力感など前向きな心の強化、③部門を越えたコミュニケーションが促進され、新たなコラボレーションの実現や新任者のソフトランディングへの効果がみられました。

エンゲージメントとウェルビーイングの関係

社員のエンゲージメント向上というと企業目線になりがちですが、実はエンゲージメントと個人のウェルビーイングには深い関係があります。楽しく気持ちの良い状態がウェルビーイングだと誤解されることもありますが、ウェルビーイングとは、楽しさや気持ちよさと同時に、趣味や仕事などへの没頭（エンゲージメント）や、意味・意義（自分よりも大きいと信じる存在に属して仕えること）、良好な関係性、達成感を得ることが組み合わさったものです[1]。働く場面に置き換えると、良好な人間関係のなかで、自分が信じられる会社や上司に所属して仕え、仕事に没頭して達成感を得ながら働くことがウェルビーイングな状態であるということです。したがって、ウェルビーイングの観点からもエンゲージメントを高めることは非常に重要で、企業だけでなく、働く個人にとっても意義があることといえるでしょう。

（髙宮咲妃）

注
1) マーティン・セリグマンのPERMA理論では①ポジティブ感情（Positive Emotion）②エンゲージメント（Engagement）③関係性（Relationship）④意味・意義（Meaning）⑤達成（Achievement）の5つの要素がウェルビーイングを構成するとしている。

参考文献
マーティン・セリグマン『ポジティブ心理学の挑戦"幸福"から"持続的幸福"へ』ディスカヴァー・トゥエンティワン　2014年
経済産業省「人的資本経営の実現に向けた検討会　報告書～人材版伊藤レポート2.0～」2022年
経済産業省「人的資本経営の実現に向けた検討会　報告書～人材版伊藤レポート2.0～実践事例集」2022年
厚生労働省「令和元年版労働経済の分析」2019年

16 企業の「ありたい姿」を実現するリスキリング

リスキリングとは

　ここ最近、「リスキリング（Reskilling）」という言葉をよく耳にするようになりました。リスキリングとは、社会の大きな変化に対応するために、働く人が新しいスキルや知識を身につけて、新しい仕事や業務に就くことを意味します。昨今、一部の国や企業がリスキリングを主導し、話題を呼んでいます。

　リスキリングが注目されている背景には、DX（デジタル・トランスフォーメーション）やGX（グリーン・トランスフォーメーション）といった大きな社会変革が起きていることが挙げられます（図16-1）。このような変化に対応するため、多くの企業は企業戦略や商品、サービス、業務フロー等といった経営の変革を迫られています。リスキリングとは、働く人がこうした変革から生まれる新しい仕事や業務に円滑に移行できるよう、スキルや知識を身につけさせる企業や国家の人材戦略です。

図16-1　リスキリングが注目される背景

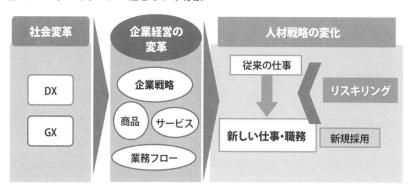

資料：当研究所作成

身近な例で考えてみましょう。新型コロナウイルス感染症の拡大をきっかけに、仕事においてはこれまで対面で行っていた会議や営業がオンラインでも行われるようになりました。日常生活においても、スーパーやコンビニでのセルフレジが本格的に導入され、キャッシュレス化が急速に進んだことは記憶に新しいと思います。

　こうした変化に対応しようと、私たちはウェブ会議の操作方法を学び、セルフレジやキャッシュレス会計の使い方を覚えて、新しい生活や仕事に対応してきました。まさに、これがリスキリングの一例です。データサイエンスやAIといった高度なデジタルスキルの習得だけがリスキリングではありません。私たちの生活に起こりうる変化に対応するために、「新しいことを学ぶ」ことがリスキリングなのです。そう考えると、私たちの日常はリスキリングにあふれていることがわかります。

■ リスキリングの分野はデジタルに限らない

　リスキリングの対象は、デジタル分野以外にもあります。GXの進展に伴い、海外では「グリーン・リスキリング」が注目されています。特に欧州では、エネルギー政策を石油・ガス分野からクリーン・エネルギーへと積極的に転換しています。そのため、こうした新しい分野へ働く人が移行できるよう、国と産業界が一体となってリスキリングを推進しています。

　日本でもガソリン車から電気自動車へのシフトに伴い「グリーン・リスキリング」が始動しています。2022年にはじまった政府の「ミカタプロジェクト」は、今後需要が減少していくエンジンやトランスミッション等の自動車部品を製造する技術者が、電気自動車関連の新しい仕事に移れるよう支援を行うものです。GXの進展に伴い、こうしたグリーン・リスキリングの動きは今後も広がっていくと予想されます。

　近い将来に宇宙産業の需要が高まった場合、宇宙開発に関連する新しいスキルを身につける「スペース・リスキリング」に注目が集まるかもしれません。このように、リスキリングの分野は市場のニーズに合わせて変化し、広がりをみせていくことが予想されます。

リカレント教育との違い

　リスキリングと同じようなコンセプトで、「リカレント教育」という言葉も
よく耳にします。どちらも「学び直し」という文脈で使われますが、リスキ
リングとリカレント教育は具体的にどう違うのでしょうか（図16-2）。

　リカレント教育は、1965年にUNESCO（国際連合教育科学文化機関）の
会議で提唱された「生涯学習」の考え方がベースとなり、その後、OECD（経
済協力開発機構）において「教育と労働や余暇等を繰り返す学習」と定義さ
れました。言い換えれば、個人の「ありたい姿」に向かって、「これをやり
たい」と思うことを生涯学び続けていくことだといえます。仕事をしながら
専門資格の取得を目指す、退職後に大学に通って学位を取得するなども、リ
カレント教育の例です。

　一方、リスキリングは比較的新しい概念で、2018年頃から欧米企業が導
入しはじめ、2020年1月に開催された世界経済フォーラムで、「リスキリン
グ革命」と題し、世界のリーダーが「2030年までに全世界で10億人のリス
キリングをする」と宣言したことで一気に世界中に広がりました。リスキリ

図16-2　リカレント教育とリスキリングの違い

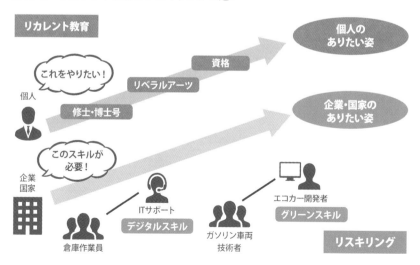

資料：当研究所作成

ングは、企業や国家の「ありたい姿」を実現するために必要と考えられるスキルを働く人に学び直してもらい、新しい仕事や業務に就いてもらうことを意味します。

　リカレント教育とリスキリングの大きな違いは、個人が主導するか、企業・国家が主導するかにあります。リカレント教育で重要なのは、人生において何を達成したいかという「一人ひとりのありたい姿」を明確にすることです。一方、リスキリングにおいては、今後どの成長分野を拡大させたいのかといった「企業・国家のありたい姿」を明確に示すことが大切になります。

企業のリスキリング取組み状況

　では、どのくらいの企業がリスキリングを行っているのでしょうか。2022年11月の帝国データバンクの調査によると、リスキリングに取り組んでいる企業の割合は大企業が60.4％なのに対し、中小企業では45.8％という結果が出ています（図16-3）。

図16-3　企業のリスキリングの取組み状況とその内容

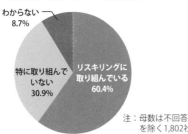

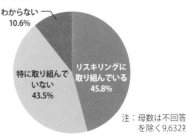

注：母数はリスキリングに取り組んでいる企業5,503社
注：母数はリスキリングに取り組んでいる企業5,503社
資料：帝国データバンク「リスキリングに関する企業の意識調査」2022年11月

リスキリングの取組み内容をみると、大企業・中小企業共に「新しいデジタルツールの学習」がそれぞれ58.1%、46.0%と最上位にきています。一方、「eラーニング、オンライン学習サービスの活用」は大企業では39.6%と上位に入る一方、中小企業では25.4%にとどまり、企業規模による差が生じています。中小企業が出遅れている要因としては、eラーニングやオンライン学習サービス等の導入には、一定の金銭的・人的コストがかかることが考えられます。

企業がリスキリングに取り組むメリット

リスキリング導入には一定のコストがかかるものの、それを大きく上回るメリットが期待できます。1つ目は、企業の価値向上につながるというメリットです。企業にとってのリスキリングは、企業の「ありたい姿」に沿って従業員が学び直し、新しい仕事・業務に就くことです。企業のありたい姿、つまり成長分野にスキルを身につけた人材を配置し、活躍してもらうことで、同分野での発展および収益拡大が見込めます。

2つ目は、人材獲得におけるメリットです。従業員に学び直しの機会と活躍する場を積極的に与える企業は、現在の従業員だけでなく、就職や転職を志望する未来の従業員からも魅力的に映るでしょう。既存人材の育成だけでなく、優秀な新規人材の獲得という観点からもリスキリングは重要な戦略といえます。

そして、3つ目にコストパフォーマンスの良さが挙げられます。ある米国人事コンサルティング会社の調査によると、従業員へのリスキリングコストは、採用コストと比較すると約6分の1で済むことがわかっています。採用から入社後の研修等にかかる実コストのほか、入社後に社内システムに慣れ、人脈を構築し戦力として活躍するまでの時間的コストがかからないからです。2つ目のメリットと組み合わせることでより強い組織を作ることができます。

このように、リスキリングは、企業にとって投資コストに見合うほどの多岐にわたるメリットがあるといえます。

広がる便利なオンライン学習環境

　トータルで考えれば投資コストに見合うとはいっても、中小企業にとっては依然、初期コストが障壁となっています。しかし実は、コストを抑えながらリスキリングをはじめることも可能です。まだあまり知られていないのですが、最近は手頃な値段で学び直しができる便利なオンライン学習ツールが充実しています。

　たとえば、文部科学省が提供する「マナパス」、経済産業省の「マナビDX」、官民連携にて設立された「日本リスキリングコンソーシアム」等では、多くの無料の講座を含め、国内外の企業・大学が提供する多様なDXのコンテンツを見つけることができます。総務省も、無料で統計を学べる「社会人のためのデータサイエンス入門」を提供しています。東京大学は1,400以上の大学講義等を無償で提供する「UTokyo Open Course Ware」を開設しています。このように、今日、学び直そうという意志さえあれば、どこにいてもオンラインで手軽に勉強できる環境が整っているといえます。

効果的なリスキリングとは？

　こうした学びの環境も活用しつつ、企業が効果的なリスキリングを行うためにはどうしたら良いのでしょうか。そのカギは「学び直しで終わらせない」ことにあります。たとえば、あなたがオンライン会議の参加や運営方法を学んだとしましょう。しかし、実際の仕事で使う場面がなければ、そのスキルはすぐに忘れ去られてしまい、身に付けたとはいえないかもしれません。効果的なリスキリングには、学び直しで終わらせず、新しい仕事・業務につなげていくための「労働移動」の仕組みづくりが必要となります。

　では次に、この「労働移動」の仕組みづくりとリスキリングに成功した米国IT企業の事例をみてみましょう。

海外でのリスキリング成功事例──米国IT企業の事例

　世界中に従業員を抱える某大手米国IT企業は、2013年頃からリスキリン

グに取り組んだことで、事業転換を果たしました。今では「リスキリングの成功モデル」と称される同社も、当時は苦境に立たされていました。ビジネスの柱だったハードウェアでは収益が見込めず、ソフトウェア事業に転換せざるを得ない状況だったにもかかわらず、必要なスキルをもつ従業員が足りなかったのです。そのため、リスキリングによる改革に踏み切りました。

　同社のリスキリングのポイントは、学習機会の提供に加えて、新しい仕事・業務につなげるため「スキルの可視化」と学びの「評価」を行ったところにあります（図16-4）。

図16-4　学びと仕事をつなげるリスキリングモデル

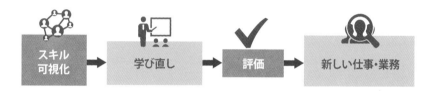

資料：当研究所作成

　まず、従業員のスキルや社内のポジションの可視化を行い、今後、会社が求める人材を明確に示しました。たとえば、今後のビジネスの中核となるクラウドコンピューティングにおいて、データサイエンティストやアプリ開発者の社内需要が高くなることを伝えました。すると多くの従業員が、技術で有名な工科大学において、同分野のオンライン修士号を取得したそうです。学位等の取得に向けては、従業員1人あたり年間8,000ドル（日本円で約110万程度）までの学費を補助するようにしました。

　このように、会社が求める人材やスキルを明確にし、習得をサポートすることで、リスキリングを実現させたのです。さらに、会社が求める資格やスキルを身につけた従業員が評価され昇給する制度を整え、社内インターン等を通して、学び直した内容を新しい仕事・業務で実践できる体制を整備したところも特筆すべき点です。

　その結果、数年後には、リスキリングを行った従業員が技術管理職の半数を占め、技術部門で昇進した人の47％を占めるようになりました。学び直し

で終わらせず、新しい仕事や業務につなげる「労働移動」の仕組みづくりこそが、リスキリングの成功の秘訣といえるでしょう。

リスキリングして転職はアリ?──2種類あるリスキリング

ここまで、企業のなかでのリスキリングについて、事例も含めて述べてきました。こうした社内での労働移動を目的としたものを「企業内リスキリング」と呼んでいます。一方で、学び直しをして社外へ転職するリスキリングも存在します。これを「市場リスキリング」と呼びます。以下では、リスキリングを2種類に整理して考えていきたいと思います（図16-5）。

図16-5　2種類のリスキリング

	目的	労働移動（例）
企業内リスキリング	成長部署へ異動、新しい業務の遂行（労働力の「高度化」）	社内異動（ジョブポスティング等）、在籍型出向、社内副業、社内起業等
市場リスキリング	社外への転職（労働力の「社会共有」）	転職、社外副業、ボランティア活動等

資料：当研究所作成

「企業内リスキリング」は、社内の成長部署への異動や新しい業務の遂行を目的としています。労働移動の手段としては、ジョブポスティング等による社内異動、在籍型出向、社内副業、社内起業等が考えられるでしょう。企業が「ありたい姿」を実現するためのスキルを従業員が身に付け、社内の成長分野等に人を動かすことで、「労働力の高度化」を実現することができます。

一方、「市場リスキリング」は、おもに社外への転職を目的としています。労働移動の例としては、転職のほか、社外副業、ボランティア活動等が考えられます。人材を受け入れる企業にとっては「新しい人材の獲得」を意味し、結果として従業員を送り出す企業にとっては「社外で通用する人材育成」をなし得たことを意味します。いわば、リスキリングを通した「労働力の社会共有」の実現です。

「市場リスキリング」は、リスキリングをして転職をするということですか

ら、この考え方に抵抗を感じる方もいるかもしれません。現に「リスキリングすると優秀な人材が転職してしまうのでは」という懸念をよく耳にします。しかし、リスキリングするしないにかかわらず、企業に魅力がなければ優秀な人材は転職してしまうケースが今後さらに増えていくでしょう。転職される可能性があっても、従業員へ学び直しの機会と活躍する場を積極的に与える企業はむしろ、成長する意欲がある従業員や未来の従業員にとって、そして人的資本経営の観点からは投資家にとっても魅力的な会社だといえます。

　松下電器産業（現・パナソニックホールディングス）の創業者である松下幸之助氏は、「企業は社会の公器」と述べ、人材は社会からの預かりものだとしています。このように、企業は預かった人材を育てて社会へ返し、「人材を社会で共有していく」という新しい考え方をもって、今後人材戦略を構築していく必要があります。

（白石香織）

参考文献

帝国データバンク「リスキリングに関する企業の意識調査」2022年11月

CNBC, "AT&T's $1 billion gambit: Retraining nearly half its workforce for jobs of the future", 2018.

John Donovan and Cathy Benko, "AT&T's Talent Overhaul," Harvard Business Review, October 2016.

Josh Bersin, "Build Vs. Buy: The Days Of Hiring Scarce Technical Skills Are Over", 2019.

地域・社会で協働する 「連携型リスキリング」とは

政府は5年間で1兆円を投入

　岸田総理は2022年10月3日の所信表明演説で、リスキリング支援として「人への投資」に5年間で1兆円を投じると表明しました。さらに、2023年の「骨太の方針」においては、「三位一体の労働市場改革」が示されました。そ

図17-1　リスキリングに1兆円投資する政府の狙いと施策例

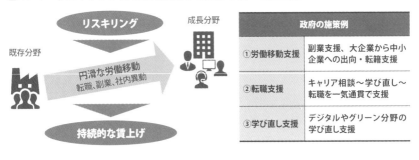

資料：当研究所作成

の改革の3つの柱には「①リ・スキリングによる能力向上支援」「②個々の企業の実態に応じた職務給の導入」「③成長分野への労働移動の円滑化」が据えられています。

　これは、3つの柱のうち①と③に当たるリスキリングが、政府の労働市場改革の中核になっていくということを意味します。図17-1にあるように、政府の狙いは、働く人を成長が鈍化した既存の分野から成長分野へと円滑に労働移動させることで、産業構造の転換を後押しし、持続的な賃上げにつなげることにあります。言い換えれば、働く人の給与を上げるため、転職を含めた活発な労働移動を実現していこうとしているのです。

　政府の具体策としては、企業における副業、出向、転籍といった多様な労働移動を支援する施策のほか、転職支援として、民間人材会社等のキャリアの専門家に相談する「学び直し～転職までの一気通貫支援」、さらに学び直し支援として、社会人がデジタルやグリーン分野といった成長分野で学び直しできるようなものが盛り込まれています。

社会全体でリスキリングが必要な理由

　海外では、企業や政府、自治体などが有機的に協働して行うリスキリングが注目を浴びています。これを「連携型リスキリング」と呼んでいます。「連携型リスキリング」のなかに、前節で述べた「企業内リスキリング」と「市場リスキリング」の2種類が存在します（図17-2）。

図17-2　連携型リスキリングとは

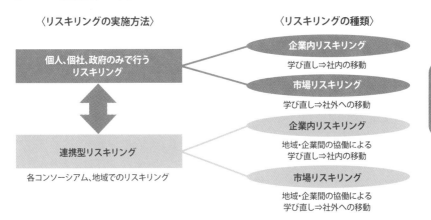

〈リスキリングの実施方法〉　　　　　〈リスキリングの種類〉

個人、個社、政府のみで行う
リスキリング

企業内リスキリング
学び直し⇒社内の移動

市場リスキリング
学び直し⇒社外への移動

連携型リスキリング
各コンソーシアム、地域でのリスキリング

企業内リスキリング
地域・企業間の協働による
学び直し⇒社内の移動

市場リスキリング
地域・企業間の協働による
学び直し⇒社外への移動

資料：当研究所作成

　「連携型リスキリング」が注目される理由の1つとして、足元のDXやGX
といった大きな変化が社会全体で起きている点が挙げられます。雇用構造や
ビジネスモデルが大きく変わるときには、個社や業界単位でのリスキリング
では対応しきれないケースが多いと考えられます。

　たとえば、イギリス政府が2022年5月に発表した「人材とスキルの統合戦
略」によると、2030年までに石油・ガス分野での雇用は約4万9,000人減る
一方で、洋上風力発電分野での雇用は約6万6,000人増えると予測していま
す。これほどの規模で労働移動が起きるとなると、当然、個社での対応は難
しくなります。そこで、イギリス政府は企業や労働組合と協働してリスキリ
ングを推進しているのです。

　こうした流れはいずれ日本にも訪れるでしょう。政府が「リスキリングと
労働移動」を労働市場改革の柱として位置づけた今、「連携型リスキリング」
の機運が今後高まっていくことが予想されます。

海外における「連携型リスキリング」事例

　海外ではどのような「連携型リスキリング」が行われているのでしょうか。
ここで、カナダとフランスの官民による「連携型リスキリング」事例をみて

みましょう。

　カナダ政府は人材教育ベンチャーと協働し、失業者向けのリスキリング事業「スキルズ・パスポート（Skills Passport）」を展開しています。このベンチャー企業は、AIによって求人情報と働く人のスキルをリアルタイムで分析し、マッチングする仕事や必要となる学習を提案する技術をもっています。

　経歴を入力すると、AIがその人のデータを分析し、もっているスキルを言語化し、可視化してくれます。この可視化されたスキルをリアルな求人情報と突き合わせ、「あなたはこの分野を学び直せば、この地域にあるこの仕事に就くことができますよ」という提案もしてくれるのです。提案された講座を実際に受講しスキルを身につけると、その仕事に応募できるという、学びから仕事まで一気通貫した支援といえます。

　次に、フランスの事例をみてみましょう。日本のハローワークに当たるフランス職業訓練安定所は、EdTech（教育＋テクノロジー）ベンチャーと連携し、求職者がデジタルを学び、「全員の6か月以内の就職を保証する」というユニークな取組みを行っています。

　労働市場や採用におけるデータ分析や専門家へのヒアリングをもとに、「企業が真に求めるスキル」を学び、実践できるプログラムが用意されています。また、同コースを修了すると、政府認定の学士や修士レベルの学位を取得できるのは驚くべき点です。また、求職者は毎週、専門家との1on1のメンターセッションを行うことにより進捗状況を相談できるなど、まさに学びから仕事までを「伴走」するリスキリングを実現しています。

日本でも高まる「連携型リスキリング」の機運

　日本においても、2022年頃からこのような「連携型リスキリング」機関が設立されはじめています。ここでは、直近のおもな動きを3つご紹介します。

　1つは、2022年6月16日に発足した「日本リスキリングコンソーシアム」です。これは、米国IT企業の主導の下、総務省や経済産業省、企業、地方自治体等49団体が参加する、官民による「連携型リスキリング」です。地域、性別、年齢を問わず企業の提供する豊富なプログラムを受講でき、就職や副業、フリーランスといった多岐にわたる仕事のマッチング機能を備えている

点が特徴です。

　2つ目は、2022年8月25日に設立した「人的資本経営コンソーシアム」です。経済産業省と金融庁がオブザーバーとして参加し、2023年5月時点で436法人が加盟する、官民による「連携型リスキリング」です。日本企業における「人的資本経営」を促進するため、リスキリングや副業等の「人への投資」における企業間の連携を目指しています。

　さらに、2023年5月に立ち上がったのが「全国自治体リスキリングネットワーク」です。こちらは民間企業が主導し、2023年5月時点で45自治体が参加する、地域における「連携型リスキリング」です。「他の自治体がどんな取組みをしているか、先行事例を参考にしたい」という多くの自治体のニーズに応え、地域へのリスキリング支援と自治体間の情報交換を目的としています。

　「連携型リスキリング」の気運を地域にも広げていこうと、政府は新しい施策を展開しています。2022年6月に政府が出した「デジタル田園都市国家構想」では、2026年度までに全国で「デジタル推進人材」を230万人育成するとしています。地域の企業・産業に必要なデジタル人材を育成・確保するため、実践的な学びの場等を提供することが施策の柱として位置づけられています。

　さらに、地域でのリスキリング実践を支援するため、総務省は2023年2月に「地域におけるリスキリングの推進に関する地方財政措置」を創設しました。これは、成長分野のリスキリングに関し、自治体が地域の企業経営者向けの研修や、企業からの相談を受ける体制づくりを行う際の経費の50％を特別交付税で補助するものです。こうした政府の動きを受け、企業や求職者へのリスキリング支援を行う地域における「連携型リスキリング」が生まれはじめています。

地域における「連携型リスキリング」を進めるには？

　今後、地方自治体が地域における「連携型リスキリング」を実施するとしたら、どのような施策を展開していけばよいのでしょうか。国内外の事例を調査したところ、そのポイントは図17-3に示した3点にあると考えられます。

図17-3　地域における「連携型リスキリング」の3つのポイント

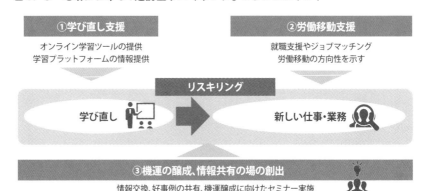

資料：当研究所作成

　「①学び直し支援」では、リスキリングに割くコストやリソースに限りのある地元企業に対し、最初のステップを支援することが重要となります。たとえば、企業や求職者が学びやすいオンライン学習ツールを自治体が提供・紹介する方法が考えられます。

　「②労働移動支援」としては、学び直しを新しい仕事・業務に結び付けるための施策がカギとなります。近年、自治体が地元の企業、商工団体、民間事業者と連携し、地元企業と働く人をマッチングする枠組みが広がっています。東海地域（愛知県、岐阜県、三重県）では、国と連携して雇用維持を目的とした人材マッチングを行い、過去2年弱で526名の出向、143名の移籍を成立させています。

　前述のフランスやカナダの「連携型リスキリング」の事例では、教育に特化したベンチャー企業との提携により、効果的な学び直しやマッチングのツールを提供していました。日本がこうした技術を導入し、全国レベルで活用することができるようになれば、AIが「①学び直し支援」や「②労働移動支援」を行ってくれる日がそう遠くない未来にやって来るかもしれません。

　地域における「連携型リスキリング」の要になると考えられるのが「③機運の醸成、情報共有の場の創出」です。政府がリスキリングを推進する一方、リスキリングへの正しい理解や必要性はまだ浸透していません。そのため、「リスキリングとは何か」「なぜリスキリングをするのか」の理解促進を図る

セミナー等、企業の意識を高める機運醸成・情報共有の取組みを上記①②と同時に行っていくことが大切です。

加えて、情報収集の場を作ることも不可欠です。前述の「全国自治体リスキリングネットワーク」設立の背景にも、「他の自治体がどんな取組みをしているか、先行事例を参考にしたい」というニーズが多くの自治体からありました。自治体や企業が協働してリスキリングに関する情報や事例を学び合えることこそが、「連携型リスキリング」の最大のメリットともいえます。

地域における「連携型リスキリング」 事例1──鳥取県の取組み

地域における「連携型リスキリング」の事例として、今回、先進的にリスキリング施策を展開する鳥取県と広島県に取材を行い、地域における「連携型リスキリング」の3つのポイントに沿って施策内容をうかがいました。

鳥取県は、「①学び直し支援」事業の柱として2021年8月に「オンライン学習受講促進事業」を開始しました。これは「連携型リスキリング」の枠組みのなかで、企業向けの「企業内リスキリング」と求職者向けの「市場リスキリング」の支援を図ったものといえます。

背景には、深刻な人手不足に加え、急速なデジタル化の進展といった県内企業を取り巻く事業環境の変化があります。こうした変化に対応し、地元企業・産業が成長するためには、成長分野への事業展開や生産性向上を担う人材の育成が何より重要だと感じ、リスキリング施策の実施に踏み切ったそうです。

学び直しの方法としては、米国企業が提供する法人向けオンライン学習プラットフォームを導入しました。同プラットフォームを選んだ理由は、「豊富な講座のなかから企業の個別ニーズに合った講座を選べる点が魅力的だった」とのことです。従来、鳥取県が提供してきた集合型の人材育成研修は、県内企業の共通の課題を取り上げてきたため、個別ニーズには対応できていませんでした。各企業の課題に応じた講座を、いつでもどこでも従業員が受講できる点が、オンラインプラットフォームのメリットといえるでしょう。

「②労働移動支援」としては、求職者向けに外部リソースを活用した「伴走型支援」を実施しています。学び直しを効果的に仕事につなげていくために、民間事業者に受講者のサポートを委託し、学習の進捗を管理するといった「学習サポート」と、キャリアコンサルタントによる「就職支援」の両輪によって効果的にリスキリングを進めています。2022年度は40名が同事業を利用し、17名が転職・就職を実現しました。

　今後、県としては「③機運の醸成、情報共有の場の創出」にも力を入れていきます。経営者向けに意識啓発のセミナーを開催し、実際にオンライン学習等を体験してもらうことで、リスキリングへの意識を高めていくそうです。

地域における「連携型リスキリング」事例2——広島県の取組み

　自動車や造船、鉄鋼といった「ものづくり」を主幹産業とする広島県では、幅広い企業が生産性向上を目指すなか、デジタル技術などの社会環境の変化への対応として、新規事業展開や業務効率化等の必要性に直面すると予想されます。今後労働市場の流動化も進むなか、働く人が職を失うことなく円滑に労働移動するためには、こうした環境変化に対応するべく、企業内で人材を育成することが要になると判断し、2022年4月より企業へのリスキリング支援をスタートさせました。

　「①学び直し支援」として実施しているのが、社会人に必要なデジタル基礎知識を身につけられる「ITパスポート試験」の対策講座受講料、受験料、資格手当への補助です。「リスキリングは大きな投資をせずともできる」ということを企業に知ってもらうため、経済産業省の「マナビDX」や「日本リスキリングコンソーシアム」といった、無料もしくは低価格で受講できるプラットフォームの紹介もしているそうです。

　「②労働移動支援」としては、労働者のキャリアコンサルティングと企業との転職マッチング支援を一体的に行う「働きたい人全力応援ステーション」や、大都市圏などの人材と県内の中小・中堅企業とのマッチングを行う「広島県プロフェッショナル人材戦略拠点」等の支援策を展開しています。

　また、①②共通の取組みとして、公労使による対話の場である「広島県リ

スキリング推進検討協議会」では、2023年7月にリスキリングに関するガイドラインおよび円滑な労働移動の実現に関する施策ロードマップを示しています。今後リスキリングを導入する企業や労働者にとっての心強い「手引き」となりそうです。

「③機運の醸成、情報共有の場の創出」として2022年度より実施しているのが「広島県リスキリング推進宣言」です。リスキリングに取り組むことを企業が対外的に宣言するもので、宣言企業は県のHPに公表され、県によるリスキリング施策の補助優遇等も受けられます。2023年6月現在、160社超が登録し、草の根的に宣言企業が増えているそうです。

「われわれの目標は、リスキリングを『企業の文化』として根付かせることです」と、広島県庁産業人材課でリスキリングを推進する担当者は言います。そのためには経営者がリスキリングを理解し、その意味を従業員に示すことが重要とのことです。今後は、リスキリング導入企業の事例を交えた経営者層向けセミナーや研修を実施していくそうです。

鳥取県、広島県共に、ここ1、2年でリスキリング新事業を立ち上げ、手探りで進めながらも、着実な手応えを感じていました。両県とも、情報収集を目的に「全国自治体リスキリングネットワーク」に参加していることからも、地方自治体がお互いに学び合う重要性がうかがえます。

地域がリスキリングを推進することは、地域でデジタル人材やグリーン人材を育てて新しい産業を生み出すことであり、それは将来的には流出した人材が「戻ってくる」、または「地元で働く」ことを後押しするのではないでしょうか。このようなメリットを活かして、多くの地域や地域間でリスキリングが展開されれば、日本経済活性化の原動力となることは間違いないでしょう。

地域・社会でのリスキリングは、ウェルビーイング向上につながる

今、日本を含めた世界中が、DXやGXをはじめとする大きな変革の渦のなかにいます。これからも、この変革は形を変えて続いていくでしょう。企業

には事業転換やビジネスモデルの転換が求められ、個人には新しい生活様式や新しい仕事・業務に必要なスキルの習得が期待されています。

　リスキリングが地域や社会に広がっていけば、企業や国の「ありたい姿」に向け、多くの働く人が学び直し、成長分野への労働移動が加速していくと考えられます。それにより企業が利益を出せば、人々の給与は増えていきます。つまり、地域・社会でリスキリングを行うことは、ファイナンシャル・ウェルビーイング、ひいては社会全体のウェルビーイングの向上につながっていくのです。

　私たちに訪れ続ける変化を「波」にたとえれば、リスキリングはその波に乗るための体力や筋肉を鍛える「筋トレ」のようなものです。どのような大波が来ようとも、その変化を捉え乗り越えていく。企業や個人の筋肉を鍛える「筋トレ」、あなたも今日からはじめてみませんか。

（白石香織）

参考文献

経済産業省中部経済産業局「東海地域における人材マッチング事業」2021 年 1 月

電通報「"DX騒ぎ"に隠された、既存人材リスキリング（能力再開発）の重要性」2021 年 11 月

リクルートワークス研究所「リスキリングのプラットフォーム提供を通じて、社会課題の解決を目指す。カナダの人材教育ベンチャー SkyHive の取り組み」2021 年 4 月

UK Government, "North Sea Transition Deal-Integrated People and Skills Strategy-", 2022.

第**3**部
つながり

第5章
交友関係、社会とのつながり

第6章
コミュニティ、地域

交友関係、社会とのつながり

18 改めて「つながる」意味を考える

コロナ禍で気づいた人と人とのかかわり、つながり

　現代の社会では、インターネット上ではいつでも、どこでも、誰とでも、容易につながることができます。つながるツールも多様です。しかし、この数年にわたるコロナ禍では、様々なコミュニケーションについて「どのようなかかわり方が良いのか／できるのか」を考え、「どのように断つことなく継続させることができるのか」試行錯誤が繰り返されました。それは、どんなに情報技術が発達したとしても、すべてをオンライン上で体感することは難しく、人が実際に出会って交流することでしか得られないものがある、という社会が出した1つの答えだといえるでしょう。

　ところで、「人と人がつながること」は、なぜ大切なのでしょうか。

　日頃から気軽におしゃべりしたり、頼ったり、助け合ったりする仲間がおらず、1人だけでいること、いわゆる「孤立」であることが健康に及ぼす影響については、様々な研究結果が報告されています。たとえば、気分の落ち込みや不眠が起きたり、認知機能低下が加速し認知症になりやすいという内容です。逆に、社会と多様なつながりのある人は認知症発症リスクが減少するという研究[1]や、地域活動への参加・助け合い・情報交換が活発な地域に住む人はそうでない人と比べ要介護状態になりにくい、さらに活動への参加

は高齢期の死亡リスク・認知症発症リスク・要介護リスクを減少させる、という結果も報告されています。

　孤立した状態が当たり前になると、自ら健康的な生活を目指そうと行動したり、積極的に誰かとかかわったり、ましてや困ったときに助け合ったりしようという意欲が湧くことはないでしょう。そうして自然と人とのかかわりから遠ざかった結果、さらに孤独を深めていくという、負のスパイラルに陥る可能性もあるのです。

多層的なつながりをつくる

　私たちは日常生活において、家族、職場、学校、（職場や学校以外での）友人、地域など、いくつかの社会的なつながりをもっています（図18-1)[2]。「私」に最も近い「家庭」との関係は、基本的には長期に安定しており、いざというときのサポートも受けやすい関係です。また、人の成長過程、住まいや仕事の変更、家族形態の変化などに伴って所属する場所は変化しますが、その時々で新たに他者とのつながりがつくられ、楽しみを共有したり、悩みや不安を相談したり、いざというときに助け合えたりする関係になっていくものです。

　他方、子育てや介護にみられるように、日本は長く「家族のお世話は家族が行う」ことが当たり前のこととして行われてきました。現在では、以前より外部サービスも充実し、「家族でない誰か」に頼ることも容易になりました。とはいえ、そうしたサービスを躊躇なく、フルに活用することができる家庭はそう多くないでしょう。依然として、日本は「家族のことは家族で」ということが前提の社会だといえます。

図18-1　個々人がもつ社会的なつながりのイメージ

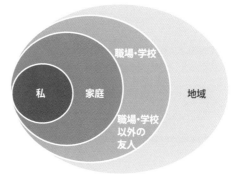

私　家庭　職場・学校　職場・学校以外の友人　地域

資料：当研究所作成

しかし、特に、中高年から高齢期に入ると、退職などの大きなライフイベントや心身の衰えから、物理的に社会とのつながりが減少する傾向にあります。多層的なつながりをもたない人が、家族が亡くなるなど何らかのきっかけで「自律」ができなくなってしまうと、社会から孤立する、いわゆる「無縁」の状態に一気に陥ってしまう可能性があります。

そうなる前に、日常生活に起こる様々なリスクに備える意味でも、身近な家族だけでなく多層的なつながりをつくっておくことが重要です。

身近な人との関係の実態

では、周囲の人々とのつながりの実態はどうなっているのでしょうか。

当研究所の調査で、身近な人を「家族や親戚」「職場や学校」「職場学校以外の友人」「地域の人」の4つの属性に分け、それぞれとの関係についてたずねました。図18-2では、その関係性を肯定的に評価した回答（「そう思う」「どちらかといえばそう思う」の合計）についてレーダーチャートの形式で示しています。

図18-2　身近な人との関係（全体・性別）

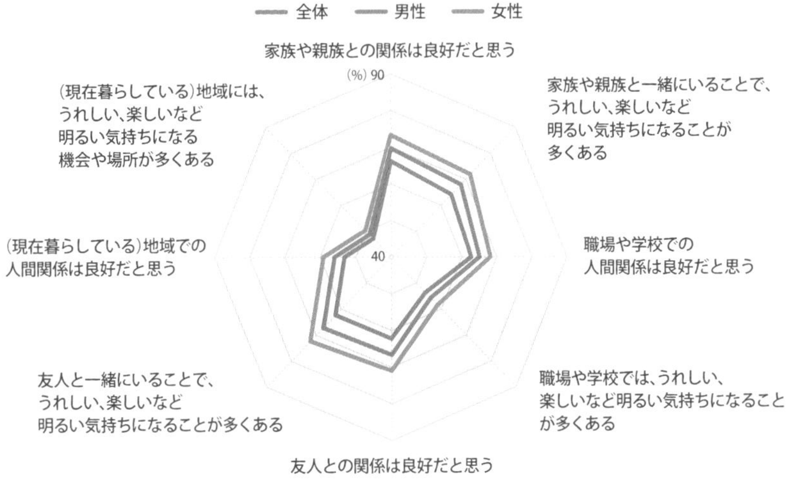

全体　男性　女性

家族や親族との関係は良好だと思う

（現在暮らしている）地域には、うれしい、楽しいなど明るい気持ちになる機会や場所が多くある

家族や親族と一緒にいることで、うれしい、楽しいなど明るい気持ちになることが多くある

（現在暮らしている）地域での人間関係は良好だと思う

職場や学校での人間関係は良好だと思う

友人と一緒にいることで、うれしい、楽しいなど明るい気持ちになることが多くある

職場や学校では、うれしい、楽しいなど明るい気持ちになることが多くある

友人との関係は良好だと思う

資料：第一生命経済研究所「第12回ライフデザインに関する調査」2023年3月実施

まず、男女どちらも「家族や親族」に関連する項目（「関係は良好だと思う」「一緒にいることで、うれしい、楽しいなど明るい気持ちになることが多くある」）では60％を超えており、他の属性を上回っています。

一方、「職場や学校」に関連する項目では、「関係は良好だと思う」は60％を超えているものの、「うれしい、楽しいなど明るい気持ちになることが多くある」は、値がやや低くなっています。職場や学校の人間関係は良好でも明るい気持ちになることとは別、と捉えているといえるでしょう。「地域」に関連する項目では、特に「うれしい、楽しいなど明るい気持ちになる機会や場所が多くある」の割合が他の属性より低いことがわかります。

男女それぞれのグラフの広がりに着目すると、女性は男性よりも外側に位置しています。男性よりも女性のほうが、各属性とのつながりが良好だと感じているということができるでしょう。

働き盛りのつながり形成に課題

次に性年代別にみると、男女共に60代のグラフが外側に位置しています（図18-3）。また、男性は20代と30代、女性は30代と40代のグラフが他の世代と比べてやや内側に位置しています。働き盛りでもある30代を中心に、身近な人との関係が希薄だと感じる傾向があるといえるでしょう。

加えて、男女共に地域に関連する2項目の割合は他と比べて低く、特に「うれしい、楽しいなど明るい気持ちになる機会や場所が多くある」は、どの年代においても割合が低くなっています。多層的なつながりをつくるという意味において、地域における関係構築には課題があるといえるでしょう。

ウェルビーイングとつながり

各属性における「つながり」に対する評価を、幸福度との比較でもみてみましょう。図18-4は、幸福度の得点を「高位（8～10点）」「中位（5～7点）」「低位（0～4点）」の3つに区分し、それぞれについて4つの属性との関係を示したものです。

図18-3　身近な人との関係（性年代別）

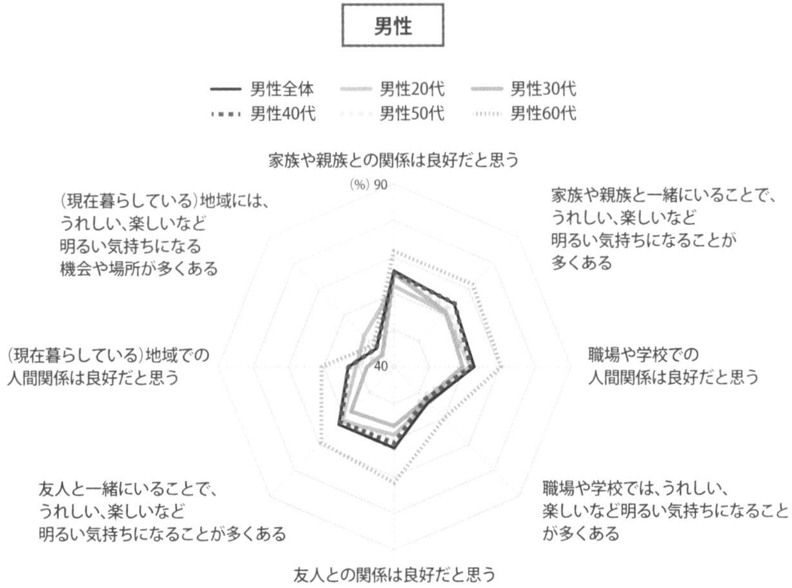
男性
男性全体
男性20代
男性30代
男性40代
男性50代
男性60代
家族や親族との関係は良好だと思う
(%) 90
40
家族や親族と一緒にいることで、うれしい、楽しいなど明るい気持ちになることが多くある
職場や学校での人間関係は良好だと思う
職場や学校では、うれしい、楽しいなど明るい気持ちになることが多くある
友人との関係は良好だと思う
友人と一緒にいることで、うれしい、楽しいなど明るい気持ちになることが多くある
(現在暮らしている)地域での人間関係は良好だと思う
(現在暮らしている)地域には、うれしい、楽しいなど明るい気持ちになる機会や場所が多くある

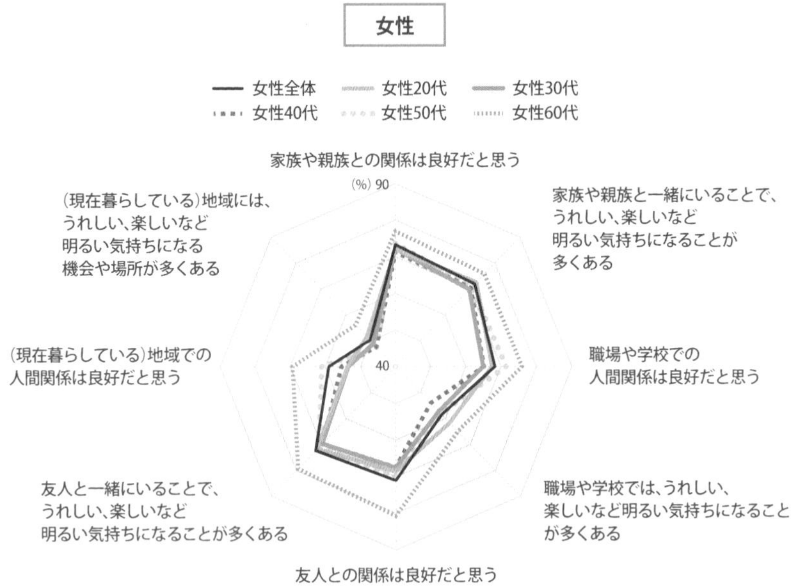
女性
女性全体
女性20代
女性30代
女性40代
女性50代
女性60代
家族や親族との関係は良好だと思う
(%) 90
40
家族や親族と一緒にいることで、うれしい、楽しいなど明るい気持ちになることが多くある
職場や学校での人間関係は良好だと思う
職場や学校では、うれしい、楽しいなど明るい気持ちになることが多くある
友人との関係は良好だと思う
友人と一緒にいることで、うれしい、楽しいなど明るい気持ちになることが多くある
(現在暮らしている)地域での人間関係は良好だと思う
(現在暮らしている)地域には、うれしい、楽しいなど明るい気持ちになる機会や場所が多くある

資料：第一生命経済研究所「第12回ライフデザインに関する調査」2023年3月実施

図18-4　身近な人との関係（幸福度別）

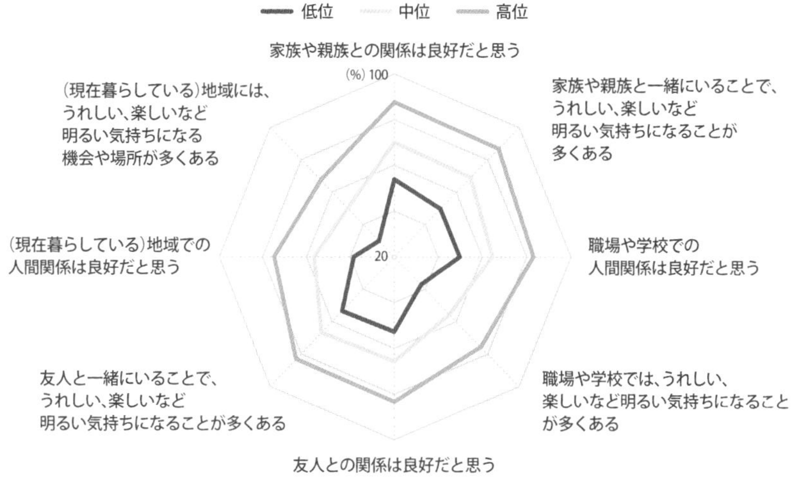

凡例: 低位　中位　高位

家族や親族との関係は良好だと思う
(%) 100

（現在暮らしている）地域には、うれしい、楽しいなど明るい気持ちになる機会や場所が多くある

家族や親族と一緒にいることで、うれしい、楽しいなど明るい気持ちになることが多くある

（現在暮らしている）地域での人間関係は良好だと思う

職場や学校での人間関係は良好だと思う

友人と一緒にいることで、うれしい、楽しいなど明るい気持ちになることが多くある

職場や学校では、うれしい、楽しいなど明るい気持ちになることが多くある

友人との関係は良好だと思う

20

資料：第一生命経済研究所「第12回ライフデザインに関する調査」2023年3月実施

　グラフの広がりをみると、幸福度が低位→中位→高位と高くなるほど外側に広がる傾向が明瞭です。幸福度が高位の人では地域との関係構築も比較的良好で、各項目の差が小さく、グラフは比較的バランスが取れた形をしています。つまり、幸福度の高い人は、4つの属性のいずれにおいても良好な関係が形成されていると認識していることがわかります。

　多様な人たちと良好な関係を形成し、多層的なつながりを確保することが、日常生活における楽しさやポジティブな気持ちをもたらすこと、さらにこうした状態が継続することが、幸福度を高めることにつながっているのかもしれません。

（稲垣　円）

注

1) 「人と人」・「人と社会」のつながりが健康に与える影響については、近藤克則らが中心に行う日本老年学的評価研究（Japan Gerontological Evaluation Study：JAGES）による調査が詳しい。

2) KahnとAntonucciが提唱した社会的支援ネットワークである「コンボイモデル」を参考に、当研究所作成。

参考文献

Saito, T., Murata, C., Saito, M., Takeda, T., & Kondo, K., "Influence of social relationship domains and their combinations on incident dementia: a prospective cohort study." J Epidemiol Community Health, vol.72, no.1,2018, pp.7-12.

Aida, J., Kondo K., Hirai H., et al., "Assessing the association between all-cause mortality and multiple aspects of individual social capital among the older Japanese." BMC Public Health, vol.11, no.1, 2011:499.

Kahn, R.L., Antonucci., T.C., "Convoys over the life course: Attachment, roles, and social support. Life-span development and behavior." Academic Press, vol.3, 1980, pp.253-286.

Kanamori, S., Kai, Y., Aida, J., et al., "Social Participation and the Prevention of Functional Disability in Older Japanese: The JAGES Cohort Study." PLoS One, vol.9, no.6, 2014: e99638.

19 一人暮らしの「つながり」

一人暮らしの高齢化がはらむリスク

単身世帯（一人暮らし）が増加しており、今後もその傾向が続くと予想されています[1]。特に、急増すると予測されているのが中年層や高齢者の単身世帯です。

高齢になると、退職などの大きなライフイベントや心身の衰えから物理的に社会とのつながりが減少する傾向にありますが、一人暮らしでは社会とのかかわりはより希薄になります。そうなると、たとえば認知症を発症しても気づかれずに進行する可能性があり、ご近所とのトラブルに発展したり、詐欺などのトラブルに巻き込まれたり、また体調不良に気づかれないまま孤独死するなど、大きな社会問題へと発展していきます。

図19-1は、前節で示した4つの属性（「家族や親戚」「職場や学校」「職場学校以外の友人」「地域の人」）との関係を同居家族別に示しています。こ

れによると、一人暮らしの人は、夫婦や子どもがいる家族よりもグラフが内側に位置しており、各属性との関係があまり形成されていないことがわかります。

図19-1　身近な人との関係（同居家族別）

資料：第一生命経済研究所「第12回ライフデザインに関する調査」2023年3月実施

　一人暮らしの人を性年代別にみると、その特徴が顕著にみえてきます（図19-2）。男性のグラフは女性に比べ内側に位置し、各属性との関係が形成されていない様子がうかがえます。年齢が上がっても良好な関係が形成されるわけではないこともわかります。長期に安定的な関係を築くと期待されている家族や親族に対しても、高い割合を示していません。特に、男性では50代が最も内側に位置しており、どの属性に対しても良好な関係が形成されていないことがわかります。また、50代と60代で、地域との関係を示す項目の割合が、顕著に低くなっています。

　一方、女性は、最も内側にある40代から50代、60代と年齢が上がるにしたがいグラフは外側に移り、友人や地域との関係を肯定的に捉えていることがうかがえます（図19-3）。

図19-2　身近な人との関係（一人暮らし男性年代別）

資料：第一生命経済研究所「第12回ライフデザインに関する調査」2023年3月実施

図19-3　身近な人との関係（一人暮らし女性年代別）

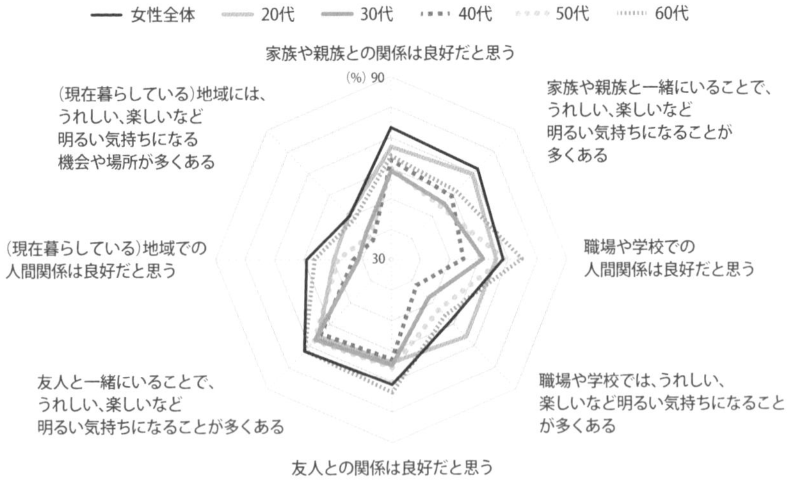

資料：第一生命経済研究所「第12回ライフデザインに関する調査」2023年3月実施

「一人暮らし50代男性」のつながり

悩みを聞いてくれたり、アドバイスをしてくれたり、何らかの手助けをしてくれたりといった周囲の人からの有形無形の援助を「ソーシャルサポート」といいます。このような人と人の支え合いは、心身の健康にも影響があるとされています。

当研究所の調査では、ハウス（J. S. House）による分類を参考に、日常生活の様々な場面において、情緒的サポート（悩みを聞いたり、気づかうことなど）や物理的サポート（具体的な事柄に対して手助けすること）、評価的サポート（認めてくれる、高く評価してくれることなど）について、その実態をたずねました。特にここでは、先の結果から「一人暮らしの50代男性」に着目します（図19-4）。

回答者全体では、サポートしてくれる人は多い順に、家族や親族、職場の同僚や学校の友人、（職場や学校以外の）友人、近所の人となっています。しかし、一人暮らし50代男性では、全体の値と比べ低い傾向があるうえ、サ

図19-4　ソーシャルサポートの実態（全体・一人暮らし男性50代）

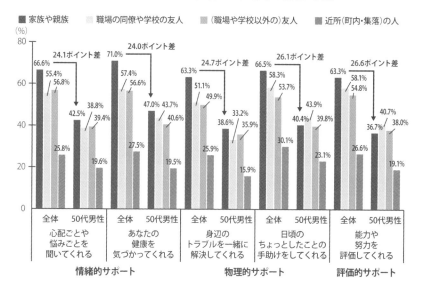

資料：第一生命経済研究所「第12回ライフデザインに関する調査」2023年3月実施

ポートしてくれる相手として必ずしも「家族や親族」が選ばれているわけではないことがわかりました。

　自分に最も近しい属性である家族や親族は、一般的に長期に安定した関係とされ、いざというときのサポートも受けやすいといわれます。しかしながら、一人暮らし50代男性の場合、親の死亡などにより親族との関係が疎遠になるケースもあり、家族や親族のことを支援してくれる相手とはあまり認識していないことがわかります。加えて、家族や親族以外の属性をサポート先として選ぶ割合も全体に比べて低く、「近所（町内・集落）の人」にいたっては、2割にも満たない結果となっています。

　50代はまだ働き盛りであるため、日常的なかかわりが仕事関係に集中し、近所の人などとかかわる時間の確保が難しいことは想定されます。しかし、それ以上に「一人暮らし」という居住環境が、他者とかかわらないことを常態化させ、当人もその自覚をもてていないのではないかと考えられます。

つながりが少ないことを「自覚」すること、つながることを「意識」すること

　女性は多様なつながりを形成し、年を重ねるとその関係はさらに広がっていきますが、男性は女性ほどつながる先が多様にあるわけではありません。

　さらに、身近な家族がそばにいない一人暮らしの男性だと、もともと他者とのつながりを形成するという習慣自体が少ないため、社会から孤立するリスクと隣り合わせであるという自覚をもつことは難しいかもしれません。

　自身が抱える潜在的なリスクをあらかじめ自覚すること、50代、60代になってから慌ててつながりをつくろうとするのではなく、早い年代からゆるやかにでも、多様な属性の人とのつながりを確保しておくこと、そうした機会を意識的に見つけて行動していくことが必要といえるでしょう。

　また、女性の活躍推進に伴い、今後は定年まで働き続ける女性も増えていきます。そうなれば、女性の単身者も男性同様、つながりの確保を考えていく必要があるでしょう。

　もちろん、他者とのつながりが大切とはいえ、リスクを回避するためだけに楽しくもないのに交流の場に参加したり、無理をしてそこに居続けたりす

る必要はありません。「一緒にいること、つながり続けることこそが最も正しい、安全である」のではなく、自分がその場にいて居心地よく過ごせること、そうしたなかで気持ちの良いやり取りを続けられること、その先に助け合える関係がつくられていくことが理想です。もちろん、そうした居心地の良い関係を見つけるためには、「試しに他者とかかわってみる」というチャレンジもまた、必要であることは言うまでもありません。

（稲垣　円）

注
1) 日本の世帯数の将来推計（全国推計）によれば、「単独世帯」は2015年の1,842万世帯から増加を続け、一般世帯総数が減少に転じる2023年以降も増加し、2032年以降にようやく減少に転じる。この結果、2040年には2015年より153万世帯多い1,994万世帯となり、一般世帯総数に占める割合も2015年の34.5%から2040年の39.3%へ4.8ポイント上昇する。

参考文献
国立社会保障・人口問題研究所「日本の世帯数の将来推計（全国推計）」2018年
House, James S., "Work Stress and Social Support" Addison-Wesley Pub. Co., Reading, Mass, 1981.

20

「地域とのつながり」を
いかにつくるか

自分の住む地域への「愛着」

　地域が抱える問題の解決には、地域の活動やまちづくりへの市民のかかわりが欠かせません。しかし、こうした活動に参加するのは一部の熱心な人と思われがちであること、そしていざ実現しようとするときに、地域にある利害関係やコスト等の課題が噴出し、理解や協力を得るのが難しくなるといったことも、よく聞く話ではないでしょうか。

　そうしたとき、まず市民に、自分の住む地域に関心をもってもらううえでは、"地域への愛着"が重要な役割を果たすと考えられています。地域愛着に関する研究は、様々な分野で行われていますが、ここでは「人と場所との感情的なつながり」と捉えることにします。既存研究では、地域愛着が高い人ほど、居住継続意思を示すといったもの、町内会活動やまちづくり活動、防災活動といった地域の活動に対して積極的に参加すること、さらに個人の幸福や社会のつながりに影響を及ぼす可能性も報告されています。ただ、愛着には「慣れ親しんでいる人や物に心をひかれ、はなれがたく感ずること」という意味が含まれるように、こうした感情が醸成されるには一定の時間がかかること、その地域の人と繰り返しかかわりをもつことがなければ、なかなか内面から湧き出るものではないことも想像できます。

では、生活者は自分の住む地域をどのように感じているのでしょうか。当研究所では、既存研究を参考に地域愛着に関連する項目を7つ設定し、居住する地域について感じることをたずねました。まず居住年数別にみると、居住年数が長くなるほど、地域に対して好意的な回答をすることがわかります（図20-1）。もっとも、「選好」の3項目は、居住期間が1年未満であっても、ほぼ半数が好意的に捉えています。短期であっても居住者がその土地で不自由なく日常生活を営めている場合には、好意的な感情をもつのではないかと考えられます。

他方、「感情」や「持続願望」は「選好」ほど割合が高くありません。「選好」が、住みやすさなど表面的な理由でもあてはまるのに対し、「感情」や「持続願望」までに至るには、地域に対して一定の思い入れを必要とするからとみられます。

図20-1　現在住んでいる地域について感じること（居住年数別）

■現在お住まいの地域について、次のようなことをお感じになることはありますか。
（「そう思う」「どちらかといえばそう思う」の合計）

	設問項目	1年未満	1年以上〜3年未満	3年以上〜5年未満	5年以上〜10年未満	10年以上〜20年未満	20年以上〜30年未満	30年以上
選好	住みやすい	53.7%	62.9%	61.8%	66.1%	69.9%	70.6%	67.0%
	好きだ	50.2%	60.1%	56.5%	59.6%	63.6%	64.8%	62.9%
	雰囲気や土地柄が気に入っている	49.1%	55.2%	55.8%	57.5%	62.4%	61.1%	60.4%
感情	住み続けたい	47.7%	55.4%	51.0%	56.9%	63.8%	64.6%	63.6%
	自分の居場所がない	31.2%	33.0%	33.0%	31.1%	28.6%	25.5%	25.5%
	住んでいることは（市民であることは）自分にとって大切なことである	42.0%	48.3%	46.9%	49.7%	54.2%	53.3%	53.6%
持続願望	いつまでも変わってほしくないなくなってしまうのは悲しい・困る	42.6%	50.3%	47.3%	51.2%	55.2%	55.0%	56.8%

注1：地域愛着（選好）は比較的短期に醸成され得る一方で、地域愛着（感情）や地域愛着（持続願望）は、選好の程度の影響を受けつつ、比較的長期に醸成するものと想定されている
注2：「自分の居場所がない」は逆転項目である。今住んでいる地域で居場所がある、と思う人は「そう思わない」「どちらかといえばそう思わない」を選択し、逆に「居場所がない」と思う人は「そう思う」「どちらかといえばそう思う」を選択する。値が小さいほど自分の居場所があると認識している
資料：第一生命経済研究所「第12回ライフデザインに関する調査」2023年3月実施

「自分の居場所」感があるか

「サードプレイス」という言葉があります。米国の社会学者R. オルデンバーグが提唱している概念で、「ファーストプレイス」としての家庭や、「セカンドプレイス」としての職場や学校だけでなく、誰でも気軽に入ることができ、心理的にも開放された場を指します。もちろん、単にもう1つの場があればよいというわけではありません。そこで誰かと気軽に落ち合い会話すること、特定の人だけの場でなく、誰もが制限されることなく入ることができ、心地良くくつろげるような、自分の存在そのものが許容される場であることが重要です。

日本においても近年、カフェ、食堂、コミュニティスペース、コワーキングスペースなどの多様な形態をとりながら、子育て支援、高齢者の交流・福祉、若者・子どもの居場所、障害者福祉、アート、まちづくり等、多様なニーズに応えるような、地域に開かれた「まちの居場所」が増えています[1]。サードプレイスや、まちの居場所は、都市の魅力を高め、生活の質や居心地にもかかわるといえます。

では、生活者は、自分がそこにいてもよい、あるいは自分らしくいられる「居場所」についてどのように感じているのでしょうか。

図20-2は、「自分の居場所がない」と回答した人の比率を性・年代別に示しています。男女共に年齢が若いほど「居場所がない」と回答する割合が高く、20・30代ではほぼ3人に1人の割合です。若い世代は、日常生活の大半を職場や学校で過ごし、人間関係もそのなかで完結しているため、それ以外の地域とのかかわりをもつきっかけや時間の不足が、「自分の居場所」感をもてないことに関連していると推測されます。多様な方法で地域とのつながりを確保することができる環境を用意すると共に、生活者本人が意識的に地域に向き合うことで、地域に対する主観は変化していくと考えられます。

ウェルビーイングと地域への愛着

最後に、幸福度と地域への愛着との関連についてみていきます。

図20-3は幸福度得点を「高位（8〜10点）」「中位（5〜7点）」「低位（0

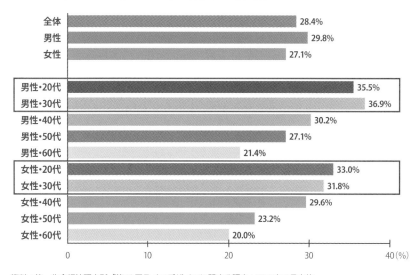

図20-2　現在住んでいる地域について感じること
（「自分の居場所がない」全体、性・年代別）

	(%)
全体	28.4%
男性	29.8%
女性	27.1%
男性・20代	35.5%
男性・30代	36.9%
男性・40代	30.2%
男性・50代	27.1%
男性・60代	21.4%
女性・20代	33.0%
女性・30代	31.8%
女性・40代	29.6%
女性・50代	23.2%
女性・60代	20.0%

資料：第一生命経済研究所「第12回ライフデザインに関する調査」2023年3月実施

図20-3　現在住んでいる地域について感じること（幸福度得点別）

	低位 （0〜4点）	中位 （5〜7点）	高位 （8〜10点）
住みやすい	56.5%	66.0%	83.5%
好きだ	49.4%	61.2%	80.6%
雰囲気や土地柄が気に入っている	46.9%	58.6%	78.8%
住み続けたい	49.2%	59.9%	78.2%
自分の居場所がない	29.3%	27.5%	26.3%
住んでいることは（市民であることは） 自分にとって大切なことである	40.3%	51.0%	70.5%
いつまでも変わってほしくない なくなってしまうのは悲しい・困る	43.6%	52.2%	69.0%

資料：第一生命経済研究所「第12回ライフデザインに関する調査」2023年3月実施

〜4点）」に3区分して、地域への愛着に関する項目との関連を示したものです。これをみると、幸福度が高位の人は、中位、低位の人より地域に対して好意的に捉えていることがわかります。

　幸福度が高いから地域への愛着が生まれるのか、地域への愛着があるから幸福度も高いのか、その因果については議論の余地があるでしょう。しかし、重要なのは、自分の住むまちに楽しみや息抜き、生活の充実を見出して「良いまちだ」と思い、さらにまちを深く知りたいと思うようになる、こうした循環が、幸福度を高めるのではないかということです。そして、地域への愛着と幸福度が相乗的な効果をもたらすには、人が地域とつながる機会や場が用意され、適切に運営されていることもポイントといえるでしょう。

　地域とのかかわりをもつことは、「しなければならないこと」でも「絶対に必要なこと」でもなく、また単に「つながればよい」というものでもありません。かかわりがないからといって、すぐに生活に支障が出たり、不利益を被ったりすることもありません。それでも、今よりも少し自身の住むまちやそこに住む人に興味をもち、かかわりをもつことがウェルビーイングの向上に効果があるならば、私たちのまちに対する接し方も変わるのではないでしょうか。

（稲垣　円）

注

1) 日本において地域コミュニティの持続的な運営のために機能する地域の集会・交流拠点は、戦後に整備された公民館や1960年代後半から各地で設置されたコミュニティセンターなども含めるとその歴史は古い。その役割は社会教育的な機能から、人々が寄り集まって活動するようなコミュニティ機能が求められるようになり、さらには官ではカバーできない社会ニーズを汲み取った分野（高齢者福祉、若者・子どもの居場所、障害者福祉、アート、まちづくりなど）において、草の根的に交流空間づくりが行われるようになり、今日まで発展している。

参考文献

石盛真徳「コミュニティ意識とまちづくりへの市民参加 コミュニティ意識尺度の開発を通じて」コミュニティ心理学研究, Vol.7 No.2,2004.

鈴木春菜、藤井聡「地域愛着が地域への協力行動に及ぼす影響に関する研究」土木計画学

会論文集，25（2），357-362,2008

引地博之、青木俊明、大渕憲一「地域に対する愛着の形成機構—物理的環境と社会的環境の影響—」土木学会論文集 Vol,65No.2, 101-110,2009.

若林尚子,赤坂剛，小島隆矢，平手小太郎「住民の防災意識の構造に関する研究—その3：地域コミュニティとの関わりを表す項目を含む因果モデル—」日本建築学会大会学術講演梗概集,pp.807-808,2000.

Harris, P. B., Werner, C. M., Brown, B.B. and Ingebrigtsen, D., "Relocation and Privacy Regulation: across-cultural analysis." Journal of Environmental Psychology, Vol.15, 1995, pp.311-320.

Oldenburg, Ray, "The Great Good Place." New York: Marlowe & Company, 1991.（忠平美幸訳、マイク・モラスキー解説「サードプレイス—コミュニティの核になる『とびきり居心地よい場所』」みすず書房 2013年）

日本建築学会「まちの居場所 まちの居場所をみつける／つくる」東洋書店 2010年

日本建築学会「まちの居場所—ささえる／まもる／そだてる／つなぐ」鹿島出版会 2019年

坂倉杏介、醍醐孝典、石井大一朗「コミュニティマネジメント つながりを生み出す場、プロセス、組織」中央経済社 2020年

事例1 ふくまち大学
——まちなかで自分を"ひらき"、誰もが"つながり"、"できる"を感じる居場所と舞台を

もう1つの居場所をつくる

　私たちが日常生活のなかで「つながり」を実感する場面といえば、多くの時間を過ごす家庭や職場、学校を思い浮かべるかもしれません。しかし、他者とのつながりの観点からいえば、それ以外にも自分にとって居心地の良い場所を確保し、多層的なつながりをつくることが理想です。

　では、「もう1つの居場所」をもつにはどうすればよいでしょうか。ここでは、「地域社会＝まち」を舞台に、人々がつながりながらまちの「使い方」を学んでいく、2022年にはじまった福井市の「ふくまち大学」の取組みを紹

介します。

「100年に1度」のチャンス

　福井市は、福井県の北部に位置する人口約26万人の中核市です。玄関口である福井駅を中心に商業、行政機能、歴史文化遺産、自然環境がコンパクトにまとまっており、繊維産業が盛んなまちとしても栄えてきました。福井駅を出ると、駅壁面の恐竜イラストや西口駅前広場の巨大な恐竜モニュメントなど、あちこちで恐竜に関するものを目にすることができます。駅西口では、2016（平成28）年に再開発ビル「ハピリン」が完成し、まちなかの賑わいづくりの核として、新たな魅力を生み出しています。

　一方で、他の地方都市と同様に、1990年頃から主要企業の拠点は県内に分散し、人々の暮らしの拠点は郊外に移っていきました。かつては中心市街地として活気にあふれていた駅周辺エリアも、現在はシャッターが降りた店舗が増え、空洞化がみられます。いかにまちなかの付加価値を向上させ、再び賑わいを生み出せるのかが課題となっていました。

　こうしたなか、北陸新幹線福井・敦賀開業（2024年春予定）が決定したことによって、事態は変わっていきます。「100年に1度の大きなチャンス」といわれるなか、福井駅からおおよそ半径1キロ圏内を対象エリア（まちなか）として、まちなかエリアの価値を高めるために、福井商工会議所、福井県、福井市など官民が連携した「県都にぎわい創生協議会」が立ち上がりました。

「まちの使い方」を知ってほしい

　行政の重要な役割として、暮らしにまつわる保健・医療・福祉・教育などの各種サービスの提供や、道路や公園、下水道等、生活を支える都市基盤の整備などが挙げられます。しかしながら、つくった後の活用は市民に委ねられることも多く、想定よりも活用されず閑散としているケースも少なくありません。いくら便利なサービスや施設をつくっても、どこにあるのか、どのように使うのかがわからなければ、市民にとっては「ない」も同然です。多様な人々がまちなかで交流し、活気があるまちなかエリアへと価値を高めて

いくためには、まず市民に「まちの使い方」を知ってもらうことが重要ではないか。

こうした課題から生まれたのが「ふくまち大学」です。

ウェルビーイングとまちづくりの交差点

「ふくまち大学」は、福井駅周辺を中心とした「まち」を舞台に広がっていく学びの場です。運営の中心的な役割を果たしているのは、岩崎正夫さん（まちの理事長・まちづくり福井株式会社代表取締役社長（取材当時））と、高野翔さん（まちの学長・福井県立大学准教授）です。

高野さんは、かつて独立行政法人国際協力機構（JICA）に所属し、ブータン王国で国民総幸福量（GNH）の測定にかかわった経験を持ちます。故郷である福井県に戻った後、まちづくりを通じて市民のウェルビーイングの向上を目指す実践者、そして研究者として活動をはじめます。

福井県は、民間のシンクタンクが実施する「幸福度ランキング」で5回連続1位となるなど、全国的にも幸福度が高い地域として知られています。しかしながら、こうした評価には、一般的に数字で測る客観的な指標が用いられており（たとえば、文化度は娯楽消費額や本の購入金額、生活度では持ち家比率や道路整備率など）、市民が暮らしについて「どのように思っているのか」、一人ひとりの考えや感覚にもとづいた「主観的」なものは含まれていません。

一方、高野さんは、居住者が暮らしについてどのように思っているのかといった主観的な意識を捉えるために、地元紙や民間企業との共同で、2019年に福井県民のアンケート調査を実施し、県民の幸せ分類・指標を作成しました[1]。調査結果からは、幸せを実感する要素として「家

指標作成のワークショップの様子

岩崎正夫さん

族・友人」の関係性から感じる幸せ感が大きく、顔の見える地域の人たちを大事にしたいという傾向、そして「文化」や「学び」といった要素が出てきました。

県都にぎわい創生協議会の委員でもあり、福井駅周辺のエリアマネジメントの中心的な役割を担う岩崎さんは、長く福井の地域振興に携わってきました。10年ほど前に実施した「まちの担い手」を育成するプロジェクトでは、「いろいろな年齢や立場の方が参加をしてくれて、皆さんがまちに関心をもってくれていることを実感した。方法はわからなくても、自分たちにできることは何かを考え、とにかくまちづくりにかかわりたいという欲求を感じた」と振り返ります。企画されたイベントにただ参加するだけではなく、市民は「場をつくる」「場を自分で選ぶ」ところから携わりたいのではないか、と気づいたのです。

こうした2人の経験や想いから、ふくまち大学は市民のウェルビーイングとまちづくりの交差点となることを目指して立ち上がりました。

まちなかをキャンパスに

「大学」という言葉を聞いて、何をイメージするでしょうか。

学生は、講義を受け、サークルや部活で仲間と時間を過ごす。春は新入生歓迎会、秋には大学祭が行われる。何はなくともそこに行けば友達に会える。大学は、学ぶ場所だけでなく、多様な要素で構成されています。「ふくまち大学」は、こうした大学の特性を遊び心ある形で再現し、駅周辺のまちなか全体を大学のキャンパスに見立てることで、まちを使いこなす人を増やしていくための学び舎として誕生しました。

運営の中心を担うのは、20代〜30代の若い世代です。彼らがまちに楽しみや居場所を見出せなければ、いずれは外に出ていってしまいます。運営を担うメンバーこそ、自分のやりたいことを展開し、人と人とをつなげること

を体現できる人材であることが重要です。まちなかにどのような場を作りたいか、どのような学びを提供できるのか、毎週のように運営会議が行われ、大学の全体像が形づくられていきました。

そして最初に作られたのが、福井県民の幸せを実感する要素として挙がった「文化」と「学び」に対応した「まちの文化学部」「まちの健康学部」であり、ほかにも様々なゼミや部活・サークルが生まれました。

ふくまち大学イメージ

実際にどのような学びが展開されているのか、いくつかご紹介します。

身体を使って、まちで学び、行動する

ふくまち大学の運営メンバーであり、「まちのマネージャー」としてプログラム設計に携わる土田佳奈さんは、自身も「まちの暮らしをつくろうゼミ」で講師を務めています。この講座は、地球誕生から現在に至るまでの46億年という壮大な歴史を約4.6kmの距離に置き換えて、歩きながらその歴史を実感するものです[2]。食と地球環境のつながりに関心を持ち、自然と調和した暮らしを目指し活動する土田さんは、「日常生活において地球を

「まちの暮らしをつくろうゼミ」の様子

意識することは少ないかもしれません。しかし、世界をつくっているのは私たち一人ひとりの暮らしであり、地球で起きている出来事は、日々の小さな『選択の結果』です」といいます。

この講座では、福井のまちなかの川沿いや公園、山道を舞台に、地球が辿ってきた歴史を体感的に振り返ります。本や教科書では一瞬で終わってしまう内容を、途中何度も立ち止まって自然を感じながら、時間をかけてゆっくり学ぶのです。学びの場として「まち」を使い、全身を通して、私たちの暮らしを俯瞰する講座となっています。

「まちの健康学部コミュニティナース学科」で講師を務めるのは現役の看護師・保健師である加藤瑞穂さん。コミュニティナースは、まちを元気にする「おせっかい」焼きの看護師。「ヒトとコトをつなぎ、まちを元気にする」「地域の力を引き出し、まちの可能性を広げる」「地域に必要な機能をつくる」役割を果たしています。そのため、病院や診療所で働く看護師とは異なり、国家資格は必要とせず、活動の場は、地域と住民の暮らしのなかにあります。加藤さんがコミュニティナースの活動をする理由、それは「なぜ、暮らしのなかに看護師がいないのか、なぜ病気になってからでしか出会わないのか」という疑問からでした。祖母が保健師として地域を回り、個人の健康相談に乗ったり、生活改善のためのアドバイスやサポートをしたりしながら、住民の暮らしに深くかかわっていた姿を見ていたことも影響しているといいます。

福井県にも、無医地区が存在します。各地で高齢化が進むなかで、地域を回りながら声をかけたり、体調を確認したりする積極的な「おせっかい」役の伝道師が、地域のなかに1人でも多く必要だと加藤さんは話します。講座は、座学では終わりません。受講生は、加藤さんが用意した様々な暮らしのなかの実習先で、地域住民に積極的にかかわり、学んだことを実践していきます。他愛の

コミュニティナース学科 講座が修了し「宣言証」を授与された受講生の皆さんと講師の加藤さん

ない会話を切り口に、生活の相談に乗ったり、逆に相談したりすることで、地域住民と信頼でつながっていくことを受講生自身が実感していきます。受講生は、医療や福祉に興味がある人だけでなく、まちづくりを志す人、将来は八百屋を開業したい人、主婦、ベテラン看護師など様々です。数回の実習を経て、2022年度は7名が講座を修了し、最後にコミュニティナースのような健康おせっかい活動をしていくことを宣言する「宣言証」が授与されました。

■ 誰に対しても「ひらき、つながり、できる」を提供する

　ふくまち大学は、県都にぎわい創生協議会が策定した「県都グランドデザイン」の具体的な活動の1つであり、市民に開かれた学びの場です。さらにそれだけでなく、ふくまち大学を運営する人や講師たちも、一から講座をつくり、まちで展開する（まちをひらく）ことで生徒とつながるという、双方向に影響し合う場になっていました。

　まちなかに集まり、楽しむ、新しい出会いやつながりができる、そして仲間に会うために再び参加する。ふくまち大学に参加することで、人と人との楽しいかかわり合いがつくられ、一人ひとりの可能性が開いていく。こうした延長線上に、一人ひとりの幸せの実感やウェルビーイングの実現があることを、ふくまち大学の取組みは示しているといえるでしょう。

　ふくまち大学の取組みははじまったばかりです。これから、さらにまちなかというキャンパスに楽しい学びや出会いを散りばめ、人と人とがつながる舞台として広がっていくことでしょう。

（稲垣　円）

【基本情報】

名称	ふくまち大学
運営主体	県都にぎわい創生協議会
おもな活動	福井駅前を中心とした「まち」を舞台とした、開かれた学びの場
事務局	福井市都市整備課
公式サイト	https://fukumachi-univ.net/

【取材協力】敬称略（肩書は2023年3月時点）

岩崎正夫（ふくまち大学 まちの理事長・まちづくり福井株式会社 代表取締役社長）

高野　翔（ふくまち大学 まちの学長・福井県立大学 准教授）

土田佳奈（ふくまち大学 まちのマネージャー）

加藤瑞穂（ふくまち大学 まちの健康学部 コミュニティナース学科講師、コミュニティナース 看護師／
　保健師）

熊野直彦（福井市役所 都市戦略部 都市整備課 主幹）

細江隆大（福井市役所 都市戦略部 都市整備課 主事）

注

1）福井新聞と日立京大ラボ（京都市）の共同研究として、「未来の幸せアクションリサーチ」というプロジェクトを実施（2019年）。「あなたはどんなときに幸せを実感しますか？」という問いに、400人ほどから得られた1,000個以上の主観的な回答を集め、「福井人の幸せ分類」という指標がつくられた。

2）サティシュ・クマール（思想家、エコロジスト、平和運動活動家）が創設したイギリスの小さな大学院シューマッハ・カレッジ。修士コースと短期コースがあり、生きるための知恵とホリスティックな世界観を学びに世界中から人々が集まる。「まちの暮らしをつくろうゼミ」は、シューマッハ・カレッジが実施するプログラム "Deep Time Walk" を参考に、福井のまちなかを舞台にアレンジしている。

参考文献

高野翔「ウェルビーイング自治体政策における居場所と舞台の場の概念の活用可能性の考察―福井県越前市におけるウェルビーイング調査をもとに―」ふくい地域経済研究,Vol35 pp11-26，2022年9月

県都にぎわい創生協議会（福井商工会議所・福井県・福井市）「県都グランドデザイン」2022年10月 http://www.ftmo.co.jp/granddesign/PDF/GrandDesign.pdf

福井市ホームページ https://www.city.fukui.lg.jp/index.html

ふくまち大学ホームページ　https://fukumachi-univ.net/

日本電信電話株式会社「社会としてのウェルビーイングを考える」ふるえ Vol40，2022年5月

事例
2

「いこまち宣伝部」
──取材を通じて地域に仲間が増えていく

地域の大人が活躍する、奈良県生駒市のユニークな取組み

　事例2と事例3では、奈良県生駒市で生まれた、大人と子ども、そして地域をつなぐユニークな取組みを紹介します。その名も「いこまち宣伝部」と「まほうのだがしや チロル堂」です。

　まず生駒市とはどのような地域なのか、簡単にみていきます。

　奈良県の北西端に位置する生駒市は、大阪府と京都府に接する人口約12万人の都市です。昭和40年代からの大規模住宅開発によって人口が急増し、都市化が進みました。生駒駅から大阪難波駅まで約20分という大阪中心地へのアクセスの良さから、就業者のおよそ半数が県外で就業しています。その一方、緑豊かな自然が近く、宝山寺などの歴史が残るまちでもあります。生駒市は全国各地にある典型的なベッドタウンの1つともいえますが、生駒の地域のために活動をしようという住民が多く見られるようになってきました。大人たちが地域にかかわるきっかけとなる取組みがあるためです。

まちの魅力を発信する市民PRチーム

　市民PRチーム「いこまち宣伝部」は、「部員」と呼ばれる市民が、それぞれの視点から発掘した生駒市の魅力について、市公式SNSで発信することをおもな活動とした、市民グループです。

　近年、地方自治体では、一方的に情報発信するのではなく、市民と双方向のコミュニケーションが取れるSNSを活用する動きが進んでいます。生駒市も公式SNS「グッドサイクルいこま」を活用しており、2015年に誕生以来、2つのSNSのフォロワー数は9,000人超（2023年4月現在）と高い人気を誇ります。

　そんな「グッドサイクルいこま」を支える存在の1つが「いこまち宣伝部」

です。市の公募で集まった10人程度の「部員」は、取材先の選定、アポイント取り、取材、撮影、文章作成などを自ら行い、市の担当課職員のチェックを経て、市公式SNSで記事を発信します。部員は、最低でも毎月1本の記事を書くために奮闘しています。取材をするのもカメラを扱うことも初めての素人ですが、1年という任期でさながら本当の部活動のように、日々誰かが、または部員同士が一緒に地域のあちこちを取材し記事を書き、生駒市職員と交代でほぼ毎日途切れることなく記事を投稿しています。しかも活動はすべて無償のボランティアです。

　では、「いこまち宣伝部」の活動はどのようにしてはじまったのでしょう。

市民が本当に知りたい情報を発信するSNSを目指して

　「いこまち宣伝部」が産声を上げた背景には、生駒市広報広聴課の大垣弥生さんらが抱えていた悩みがありました。生駒市でSNSによる情報発信を行うことが決まった2015年当時、「市政の情報だけを一方的にSNSで発信しても見てくれる人はいるのだろうか」と考えていました。また、広報誌の読者

「いこまち宣伝部」の発信記事

アンケートで「地域のどんな情報を知りたいか」とたずねた際、圧倒的に多かった回答は「地域のお店や教室」でした。しかし市の発行する広報誌では、公平性の観点から個別のお店や教室を取り上げづらく、市が伝える情報と市民が求める情報にはギャップがありました。そこで大垣さんら

市民の協力を得ながら実践的にカメラの使い方を学ぶ講座風景

は、市民PRチームを結成して、市民目線でお店や教室の情報を発信すれば、多くの市民に届くSNSになるのではないか、と思いついたのです。

　市民チームを発足させるにあたっては、地域参画の裾野を広げたいと考えていました。そして、できるだけ働き盛り世代に、この活動を楽しみながら参加してほしい。そのため応募資格は18歳から49歳、参加のハードルが下がるよう任期は1年、さらにプロのカメラマンやライターによる講座を無料で受けられるメリットを用意するなど工夫を凝らしました。その結果、第1期から定員を超える応募があり、現在までに100名以上が参加しています。現在は第9期の部員が活動しており、市の取組みとしても人気のプロジェクトに成長しました。

自分の知らない地域の姿を知る

　「いこまち宣伝部」に応募する人の動機は、「無料でカメラについて学べると聞いて」「友達を作りたくて」など、広報活動とは関係のないこともめずらしくありません。それでも、ほとんどの人が途中で離脱することなく、1年間の任期を最後までやり遂げて卒業していきます。

　その理由の1つが、「取材の面白さ」にあります。部員だった女性は、初めての取材先に行きつけの喫茶店を選びました。店主とは長年の付き合いで、互いをよく知っていると思っていましたが、「取材でないと聞けない話や、

初めて聞く話が山ほど出てきて、関係がより濃くなった」と話します。

　また、別の女性は、地元の神社で行われる伝統的な神事を取材しようとしました。当初、地域住人からは怪訝そうな顔や非難めいた言葉が向けられました。それでも、挨拶をして回ることで徐々に受け入れられ、最終的には女性が上がれないとされる拝殿で撮影する許可を得ることもできました。

元宣伝部員が撮影した神事の光景（生駒市公式サイト「グッドサイクルいこま」より）

　「こういう神事も、伝えていかなあかんから、もっと撮っていって」と歓迎してくれるまでになったのです。「取材でないと知り合う機会のない人とつながり、受け入れてもらった瞬間だった」と女性は当時を振り返ります。

　取材を通じて自分の知らない生駒市の姿を知る、取材だからこそ、取材先の住民と深い関係を築くことができる、そんな取材の面白さが宣伝部員たちの大きなモチベーションとなっているようです。

ハードな部活動、支える信頼関係

　そうはいっても、部員の多くは仕事や子育てなどに忙しい世代であることも事実です。「取材の面白さ」というモチベーションに加えて、部員の活動の継続を陰ながら支えているのが、同期の部員、そして担当の市役所職員と

の関係性です。1年の任期制ということや、共にカメラの撮り方や記事の書き方の講習を受けることで、部員同士は短期間で一気に仲良くなります。取材先を一緒に探しに行ったり、部員同士で食事に行ったりすることもあるといいます。

部員が書き上げた記事は、いったんSNSの部員グループページに上げられ、担当職員から「この記事で一番伝えたいことは何ですか？」「もっと楽しそうな表情の写真はありますか？」といった校正が入ります。ときに厳しい指摘も受けますが、やりとりは全員が見ている場でオープンに行われますので、他の部員は応援のメッセージやリアクションをして互いに応援します。これが部員間の結束力を高め、継続していくための大きな励みになるのです。

また、職員との関係も、継続するモチベーションに大きく影響します。担当職員とは、記事に関して的確なアドバイスをもらうだけでなく、一緒に取材先を探しに行ったり、互いの日常生活について話すような打ち解けた間柄となります。生駒市広報広聴課の村田充弘さんは「市民と行政という関係ではなく、まちの友人の1人のような感覚になっている」と話します。SNS「グッドサイクルいこま」は、市民と市役所が一緒に汗をかきながらコツコツと活動してきた集大成です。

地域に仲間が増えていく

部員たちは壁にぶつかりながらも、地道に取材を重ねていく1年間で、地域に信頼できる仲間たちを増やしていくことになります。「取材」という名目はあったとしても、宣伝部は素人のため、相手の人生について深い話を聞き出すことはそう簡単ではないはずです。だからこそ、「うまく話を聞き出せるか」という不安を乗り越えて、取材相手から想像以上の話を聞くことができたとき、取材をする側・される側の間には愛着や強い信頼関係が生まれているはずです。

ある元部員の女性は、取材を重ねていく過程で「いろいろな人の人生について話を聞くことで、相手のことが好きになる。そのうちに生駒自体が、好きな人の集合体のような感覚になり、まちがものすごく好きになっていっ

た」と心境の変化を振り返ります。延べ100名ほどの「いこまち宣伝部」OB・OGが同様の経験をもっているとするなら、地域へ与える影響は決して小さなものではないでしょう。

　そして、1年間の大変な活動を支えてくれる同期部員や職員たちの励ましの声も重要な役割を果たしています。元部員が「もう嫌だと思うときもあったけど、みんなが頑張ろうと言ってくれたり、自分の書いたものを褒めてくれるから、辞めずにやり遂げられた」と振り返るように、学生時代の部活動さながら、共に困難を乗り越えていくその期間は、短い時間でも強い信頼関係をつくることにつながっていくでしょう。

仲間との関係を土台に、新たな活動へと発展していく

　宣伝部での活動を通じて、地域への愛着、そして人との信頼関係ができた部員の多くは、任期終了後も地域で何かしらの活動を行っています。ある人は、「子ども食堂」への取材がきっかけで、その食堂を手伝うようになりました。また、部員同士ではじめた「公園活用」のプロジェクトは、まちづくりの雑誌に取り上げられるほどの活動に発展しました。宣伝部在籍当時は専業主婦だった女性が、地域行事などで撮影に呼ばれるようになり、今ではフリーのフォトグラファーやライターとして活動しています。三味線サークルを取材したことがきっかけで自分もそのサークルに通いはじめた人など、それぞれがこの地域のなかで自分ができること、したいことを探し、歩み出しました。元部員は、「はじめてみたい活動はあったけど、1番の壁は仲間づくりだった」と話します。しかしながら、宣伝部の経験を通じて、自身のアイデアに乗ってくれる仲間と出会ったことで、次の具体的な活動へとステップアップすることができたのです。

　今や、「いこまち宣伝部」とその活動の場である「グッドサイクルいこま」の価値は、フォロワー数やいいねの数だけでは測れないほど大きくなりました。その真の価値は、宣伝部の活動を通じて信頼できる仲間を地域につくり、その関係を土台にして、さらなる活動へと発展していくことにあるといえるでしょう。

（福澤涼子）

【基本情報】

名称	いこまち宣伝部
活動場所	生駒市内全域（講習は生駒市役所）
おもな活動	生駒市内で暮らす人や、イベント、グルメ、旬の話題などを取材し、生駒市の公式SNS「グッドサイクルいこま」で発信する
公式サイト	https://www.facebook.com/goodcycleikoma/（Facebookページ） https://www.instagram.com/goodcycleikoma/（Instagramページ） https://goodcycleikoma.jp/（Webサイト）

【取材協力】敬称略（肩書は2023年3月時点）

・大垣弥生（生駒市役所 広報広聴課 課長）

・村田充弘（生駒市役所 広報広聴課 主幹兼プロモーション係長）

・真下藍（第5期いこまち宣伝部員／「公園にいこーえん」主宰）

・中村京子（第6期いこまち宣伝部員／フリーフォトグラファー）

事例3

まほうのだがしや チロル堂
──"まちの駄菓子屋"が、地域の大人と子どもたちをつなぐ

大流行の"まちの駄菓子屋"

　事例3では、事例2と同じく生駒市で、「生駒の地域のために何かをしたい」と考えた大人たちが立ち上げた、一風変わった"駄菓子屋"の活動を紹介します。

　生駒市の中心駅である生駒駅からほど近いビルの1階に、「まほうのだがしや チロル堂（以降：チロル堂）」はあります。2021年にオープンして、まだ2年ほどにもかかわらず、多い日には1日に200人以上の子どもたちがチロル堂を訪れるというのですから驚きです。

　"一風変わった"と表現したのは、チロル堂には一般的な駄菓子屋とは異な

る数々の仕掛けがあるからです。たとえば「チロル札」という店内通貨。子どもたちはお金で直接、駄菓子を買うのではなく、100円をガチャガチャの機械に入れて、出てきたチロル札（1枚100円相当）で駄菓子を買います。100円を入れるとチロル札は1〜3枚出てくるため、ときには100円以上の価値となることがあります。

子どもだけが利用できるガチャガチャ（左）と、チロル札（右）

　さらに駄菓子屋の奥は自由に使えるスペースになっていて、おもちゃや絵本が並んでいます。そこでは子どもたちが宿題をしたり、本を読んだり、ゲームをしたり……と、思い思いに過ごします。つまり、子どもたちにとっては単なる駄菓子屋というよりも、学校でも家庭でもない、「第三の居場所」となっているのです。

チロル堂の駄菓子屋部分（左）とスペースで遊ぶ子どもたち（右）

誰もが来てもよい「子ども食堂」を目指して

チロル堂が生まれたきっかけは、生駒市の公民館で活動していた「子ども食堂」が、コロナ禍でその場所を利用できなくなったことでした。常設で開催できる場所を新たに作ることになった際、発起人たちは「どうせ作るなら、これまでにない子ども食堂にしたい」と駄菓子屋の形態を思いつきました。

子ども食堂には、「経済的に貧しい家庭の人が利用する場」という一般的なイメージもあり、利用することに抵抗を感じる子どもや親も少なくないことが指摘されています。そのため、駄菓子屋に至る大事なコンセプトの1つが、子どもたちが情けない思いをすることなく気軽に利用できることでした。

チロル堂では「子ども食堂」の看板は掲げていません。一見駄菓子屋ですが、奥にはカフェのような飲食スペースが広がり、カウンター席やくつろげる座敷もあります。店内通貨の「チロル札」を使えば、子どもは駄菓子だけではなく、カレーなどの食事や飲み物も頼むことができます。経済状況に関係なく、誰にでも、カレーは「1チロル（100円相当）」と非常に安価に提供されます。現金ではなく「チロル札」にすることで、安く食事をすることへの抵抗感を減らす効果もあるようです。

遊び心があって誰もが利用しやすい子ども食堂にした結果、放課後や休日の昼間に、子どもたちが楽しく気軽にカレーを食べに来る光景がひっきりなしに見られるようになったのです。

子ども向けのカレー

魔法をかけるのは、地域の大人

100円を入れると、時には100円以上のチロル札が出てきたり、子どもであれば誰でも100円でカレーを食べられるという"魔法"のような仕組みは、なぜ実現できているのでしょうか。

チロル堂発起人の吉田田さん（左）と石田さん（右）

チロル堂が作られたもう1つの重要なコンセプトは、助成金や企業からの寄付ではなく、「地域の人の寄付」で成り立つ仕組みをつくる、ということでした。その背景には、チロル堂発起人の1人である石田慶子さんの想いがありました。

長く福祉事業所に勤めてきた石田さんは、「子どもの貧困や障害の問題は、そこだけを切り離して解決できる問題ではなく、地域の大人たちも一緒に取り組んでいかないと解決できない」と、縦割りの福祉事業やサービスのあり方に限界を感じていました。そのため、チロル堂という場を、地域の大人たちがその問題を知り、主体となって取り組むきっかけにしてほしいと考えたのです。

そうはいっても、地域の大人を巻き込むことはそう簡単ではありません。同じくチロル堂の発起人の1人であるデザイナー吉田田タカシさんは、「大阪で働いていた頃は、生駒はただの寝に帰るまち、自分にとっては風景でしかなかった」といいます。しかし、生駒に仕事の拠点を構え、地域の人とのつながりが増えたことで、「生駒のために何かをしたい」という気持ちが芽生え、チロル堂の設立に至ります。実際に地域で活動をしてみると、楽しさという精神的な報酬で自分自身が満たされたと語ります。石田さんも、「地域の大人たちの多くも、仕事と家の往復だけではなくて、まちに自分が参加できる居場所を求めているのではないか。だけど現状はその場所がわからなかったり、1歩目のハードルが高かったりするのではないか」と分析しています。

そこでチロル堂は、地域の大人たちの居場所という役割ももたせると共に、彼らが自己犠牲や義務感ではなく「楽しい」からかかわることができる仕掛けを埋め込むことにしました。

合言葉は「ナイスチロ！」

大人がかかわりたくなる仕組みの中心が、夜に開かれ大人が集う「チロル酒場」です。昼間は子どもたちでにぎわうチロル堂ですが、夜には大人たちの酒場に変身し、カウンター席では見ず知らずのお客さん同士が会話を弾ませています。普段行く居酒屋のような感覚の空間にすること

大人で賑わうチロル酒場

で、地域の大人が自然につながるようになりました。なおかつチロル酒場での飲食代の一部は、チロル堂への寄付金に充てられます。自分の払うお金が子どもの駄菓子や飲食の一部になるという事実は、地域の子どもたちに思いをめぐらせるきっかけになるでしょう。

寄付を身近なものにする工夫もしました。チロル堂では、お金や物品の寄付のことを「チロ」と呼びます。「寄付」という言葉には、施しを与える・受けるという関係が色濃い印象がありますが、「チロ」という遊び心のある名称をつけることで、寄付行為自体の楽しさを醸し出します。寄付をした人に対しては大げさに感謝を伝えるのではなく、あえて「ナイスチロ！」という言葉で返します。「地域のために良い選択をしたね」という言葉と共に、一緒にこの場をつくっていくコミュニティの一員として、お互いに認識し合えるような効果を狙います。

チロル酒場などをきっかけに、企画・運営に自分もかかわりたいと申し出る大人も出てきました。たとえば、「ラーメンナイト」「フィリピンナイト」と称して、チロル酒場でラーメンやフィリピン料理の提供を企画し、その売り上げを全額寄付してくれる人たち、得意なことを活かして絵本の読み聞かせなどのワークショップを主催する人たち、自分の誕生日に「プレゼント代わりにチロル堂に絵本を寄付して」とSNSで呼びかける人など。自らが面白

がりながらチロル堂にかかわり、支えていこうという動きがみられます。発起人たちの狙いどおり、チロル堂が徐々に地域の大人の居場所としても活用されるようになってきたのです。

遊び心によって、より多くの大人を巻き込めるか

　2021年のオープン当初は閑散としていたチロル堂ですが、子どもたちの口コミによって今では大繁盛の駄菓子屋に成長しています。一方で、利用する子どもたちが増えるほど、子どもの飲食をまかなう大人の利用が増えなければ赤字になる、という課題もあります。子どもたちの居場所としてあり続けるためにも、地域の大人たちのかかわりをいかに増やしていくかが重要なテーマとなってくるでしょう。吉田田さんもそのための新しいアイデアづくりに奮闘しています。

　もちろん、地域離れが進む現代において、地域の大人を巻き込むことはそう簡単なことではありません。一方で、チロル堂の活動は、いわゆる「慈善活動」の難しく真面目なイメージとは異なり、寄付行為を日常的なものに変えているようにも感じられます。数々の仕掛けによって、気づいたら地域とかかわっていた、自分が楽しむ延長線で子どもたちを支えていた、こうした軽やかな関係性を実現しているところに注目すべきでしょう。チロル堂を訪れる大人のなかには、地域にかかわること自体の楽しさや充足感に気づいた人も多くいるはずです。

（福澤涼子）

【基本情報】

名称	まほうのだがしや　チロル堂
活動場所	奈良県生駒市元町1丁目4－6（生駒駅徒歩5分）
おもな活動	貧困や孤独など様々な問題を抱えた子どもたちの居場所となるためにつくられた駄菓子屋。子どもであれば誰でも100円でカレーが食べられるといった子ども食堂としての側面ももつ。夜は大人たちが集う酒場に
公式サイト	https://tyroldo.com/

【取材協力】敬称略（肩書は2023年3月時点）

・石田慶子（一般社団法人無限 代表理事）

・吉田田タカシ（アトリエe.f.t 代表）

一人ひとりのウェルビーイングを 高める、私とまちの関係づくり

人と人のつながり、地域とのつながり

第5章、第6章では「つながり」をテーマに、身近な人と人との関係、そして地域との関係について考えてきました。

第5章では、多層的なつながりをつくることの大切さについて説明しました。私たちは、最も身近な家族・親族、そして職場や学校という比較的安定的な人間関係のなかで、日常生活の多くを過ごします。しかし、一人暮らしや定年退職後は、どんなに濃密であっても、家族や親族、職場や学校だけの限定的な人間関係だけでは、それらが失われるとあっという間に社会から孤立してしまいます。一から新たな人間関係をつくることには不安や面倒な気持ちが伴いますが、小さな挑戦を繰り返しながら、自分にとって居心地の良い人や場所、多層的なつながりをつくりたいものです。

第6章では、多層的なつながりの最も外側にある「地域との関係」についてみていきました。長く地域に住むことは地域への愛着を高める効果がありますが、当研究所の調査結果からは、生活満足度（ウェルビーイング）の高さによっても、地域への愛着が異なることが示されました。自身の住むまちやそこに住む人への興味を持ち、知ろう、かかわろうとすることが、心身の健康にも寄与し、暮らしをより豊かにする可能性があります。

この結果をもとに、3つの事例を通じて、地域でどのように人々がかかわりあい、豊かなつながりを形成しているのか、またウェルビーイングとの関係について紹介しました。

「ふくまち大学」（福井市）は、空洞化が進むまちなかの価値向上を目指し

てはじまった取組みです。市民にまちの使い方・楽しみ方を身につけてもらうため、まちをキャンパスに見立て、様々なサークルや部活動を実施しています。ふくまち大学にかかわることを通じて、運営する人、講師、参加者一人ひとりが、新しい出会いを体験し、まちを発見し、また次の可能性を開花させていく、ウェルビーイング向上の萌芽をみることができます。

「いこまち宣伝部」（生駒市）は、公募で集まった市民からなる生駒市公認の市民活動グループです。取材することも、原稿を書くこともゼロからはじめた部員（市民）は、一つひとつ学びながら取材をし、市職員のサポートや仲間の応援を受けながら、原稿を生み出していきます。こうして、生駒市と地域の人たちを深く知るようになり、自分のまちへの見方やかかわり方も変化していきます。1年の活動が終わる頃には、部員たちは信頼できる仲間、地域への愛着、そして自ら地域に働きかける主体性を手に入れています。

「まほうのだがしや　チロル堂」（生駒市）は、毎日ひっきりなしに子どもが訪れる人気の駄菓子屋です。近年全国で増加する「子ども食堂」をヒントにつくられた場所ですが、単なる子どもの居場所ではありません。そこには子どもの貧困や障害の問題を「子どもの問題でなく、社会（大人の）問題」として問い直し、大人たちが義務でなく「楽しく、気持ちよく」、自分ごととして社会参加できる仕組みが埋め込まれています。ビルの一角にある小さな駄菓子屋は子どもにとっても、大人にとっても居心地の良く、地域に開かれた場として機能していました。

これら3つの事例からは、地域の抱える問題に対して、地域の様々な人々が自ら「主体」となって、開かれた場や舞台をつくり、人々の交流を促す工夫を随所にこらしていることがわかります。こうした取組みが継続し広がることで人々の地域への愛着が増していきます。その結果、地域での暮らしに対する満足（ウェルビーイングの向上）にも相乗的な効果をもたらしていくものと考えられます。

地域のウェルビーイングが追求される時代

日本の地方自治体では、2000年代中頃から幸福度や満足度を指標化し、それにもとづいた政策目標を立てる動きが活発化してきました。人口減少や

地域コミュニティにおけるつながりの希薄化という社会問題を受け、「住民の福祉の増進」を目的に掲げる地方自治体が、人を起点に地域やコミュニティづくりに立ち返ろうとする動きだといえるでしょう。

その先駆けが、2004年から荒川区が取り組む荒川区民総幸福度（Gross Arakawa Happiness：GAH）という幸福度指標作成の取組みです。その後、熊本県、福岡県、三重県、兵庫県、新潟市、阿南市、長久手市、佐賀市など多くの自治体が幸福度に関する指標案を公表するようになりました。2013年には、全国各地の市町村が「幸せリーグ（住民の幸福実現向上を目指す基礎自治体連合）」というネットワークを発足し、幸福度に関する指標作りや政策展開に関する連携を行っています。

直近の取組みでは、富山県が「富山県成長戦略」の中心にウェルビーイングを据え、独自の指標を策定しています（2023年1月）し、横浜市では、中期計画（2022〜25年）のなかに「暮らしやすく誰もがWell-Beingを実現できるまち」を市民生活の未来像として提示しています（2023年3月）。また福岡市では、自治体初の取組みとして、市内の企業・団体を対象に従業員のウェルビーイング向上と、持続可能な開発目標（SDGs）達成の両方の取組みを促進するための「Well-being & SDGs登録制度」を新設するといった独自の動きも進めています（2022年4月）。

政府が進める「デジタル田園都市国家構想」において地域の幸福感を測定する指標として活用が推奨されている「Liveable Well-Being City指標＝LWC指標」が2022年7月に公開されたこともあり、今後はこの指標を活用する自治体も増えていくでしょう。

誰のためのウェルビーイングなのか

このように、地方自治体や国レベルで、ウェルビーイングはまちづくりや地域政策の重要な一端を担うものと捉えるようになりました。政策目標としてウェルビーイングを取り入れ、生活者主体のまちづくりを目指す姿勢は大変重要です。

ただしそれも、ウェルビーイング向上や改善のためにどのような工夫がなされているのか、人々の間で地域が目指す姿が共有されているのか、設計図

を描くだけでなく、具体的に誰がどのような役割を担い、互いに協力して実現していくのかが、何より重視されなければなりません。

　国や自治体単位でのこうした大々的な取組みに加えて、地域の草の根的な活動にも目を向けるべきです。「ウェルビーイング向上に取り組んでいます」と掲げられていなくても、人々が集い、交流し、楽しむことができ、他者との心地良い関係がつくられている場は、私たちの周りにも数多くあるのではないでしょうか。規模は小さくとも、人々のつながりをつくり、暮らしを豊かにする取組みを掘り起こし、注目していくこと、そして継続のために支援をすることもまた、地域のウェルビーイングの向上には必要です。

　地域づくり、まちづくりは全国一律ではありません。それぞれの地域が特長を活かすことと併せて、生活者自身が、自分の住む地域のよさを見つけ、行動し、人とつながるアプローチを図ることが、今後ますます求められるといえるでしょう。

（稲垣　円）

ウェルビーイングを実現するライフデザイン

終章

1 各節のまとめとポイント

健康

第1章　健康状態・意識

①健康とウェルビーイング

　「健康」には、単に病気や障害の有無だけでなく、「自分自身がどう感じているか」という「主観的な健康感」が含まれます。こうした健康のあり方において、生きがいやつながりがあることは重要なポイントとなり、国もつながりを重視する形での健康づくりの政策を推進しています。個人としても、健康づくりを広い意味で捉えつつ、自ら「主観的な幸福感」を高めるようなライフデザインを行い、ヘルスリテラシーを高めることが、人生100年時代を有意義に生きることにつながります。

②日本人の健康状態と健康意識

　日本人の平均寿命は世界でもトップクラスですが、平均寿命と健康寿命にギャップがあることが課題です。男性に比べて女性の平均寿命が長いことが知られていますが、その背景にはホルモンなどの生物学的な要因のほか、生活習慣やコミュニケーションといった社会文化的な要因があるといわれています。受診率の高さや、体調不良への敏感さ、ストレス解消や活発な情報交

換といった社会文化的な要因については、生活者自身が参考にできることがありそうです。

第2章　健康づくり

③地域にこだわり、人をつなぎ、健康をつくる

自治体によるつながり重視の健康づくりの動きもあります。長野県東御市に拠点を構える身体教育医学研究所（通称「しんたい」）は、地域密着型の研究機関として、地域住民の健康状態を把握し、地域の関係職種と連携しながら、住民の健康づくりを推進しています。つながりを保ちにくかったコロナ禍でも、積極的にDXを取り入れてつながりを創出・活性化することで、地域住民の「一緒に」「楽しい」という空気を引き出し、「主観的な健康感」を高めているのが特徴です。

④病気・障害を抱えても、ウェルビーイングに暮らすには

どんなに健康に配慮していても、病気や障害は完全には避けられないため、貯蓄や保険による経済的な備え、専門家の支援や家族や友人とのコミュニケーションなど、健康を「お金」「つながり」で補完することが必要です。また、自治体等の各種支援に関する情報収集を進めておくことも重要です。現在、様々な施策により、病気になっても就労継続できる体制も整ってきています。病気や障害の予防としてだけでなく、病気や障害を患った際の対応という観点でも、ライフデザインは重要なのです。

⑤企業・健保組合による健康増進の取組み

従業員が元気に働くことは、人材確保や生産性向上などの観点から企業にとって大きなメリットとなるうえ、健保組合にとっても医療費削減につながります。そのため、企業と健保組合等が協働する「コラボヘルス」が増えています。企業は従業員の健康意識を高めたり、健康維持活動をサポートすることで、従業員のヘルスリテラシーの向上に一役買う「健康経営」を進め、健保組合などは「データヘルス」として個人の健康医療データを活用し、個人の状況に応じた保健指導や健康づくりの推進をしています。従業員・企業・健保組合のいずれにとってもメリットがある動きといえます。

⑥健康を保つうえでの「移動手段」を考える

健康維持や自立した日常生活をおくるうえで、「移動できる」ことは重要です。日本ではこの数十年で自家用車依存が高まった一方で、高齢者の運転の安全性が課題となっており、運転免許返納と自立した暮らしの維持を天秤にかけざるを得ない人も少なくありません。自由な移動は幸福度と関係があります。政府や自治体も、移動手段の確保について検討を進めていますが、生活者一人ひとりも高齢期の移動手段について考え、公共交通の利用を暮らしに取り入れたり、各種安全装置を搭載した自家用車に乗り換えるなどのライフデザインを考えておくことが求められます。

お金

第3章　家計と資産

⑦ウェルビーイングとお金

お金と幸せは関連性が高そうですが、ある程度の金額をもつと、それ以上保有するお金が増えても、幸福度が大きく高まることはありません。むしろ、幸せと関係が深いのは、お金の額ではなく「満たされていると感じているかどうか」、つまり「満足度＝主観」です。今注目されているファイナンシャル・ウェルビーイングは、「自分の経済面に安心感をもちつつ、楽しむための選択をできる状態」とされ、主観としての満足度を高めるものです。この実現に大きく寄与するのが、自分のお金の現状への理解を深め、将来の見通しや夢・目標について考える一人ひとりのライフデザインなのです。

⑧金融リテラシー、どこで学んでどう役立てる？

ファイナンシャル・ウェルビーイングの実現においては、金融リテラシーを高めることが重要です。これは、専門知識ということではなく、幅広く意識や行動も含まれる、誰にとっても身近で必要なものです。金融リテラシーは、ライフデザインをしている人で高い傾向にあります。自分の暮らしについて考えることで、金融リテラシーが高まり、その結果、暮らしの見通しや安心感が生じてファイナンシャル・ウェルビーイングが達成されるという良

い循環が生まれます。現在、学校教育でも金融教育が強化されつつありますが、金融リテラシーは、誰でもいつからでも身につけられます。

⑨「ライフデザイン」、やっておきたいマネープランとは

お金について考えるべきポイントは、「20代では1年間で100万円以上貯める力」「30・40代では住宅ローンを現役中に完済する計画」「50代以降は老後資金の準備」など、年代別に異なります。それらの実行においては、持ち家をどう捉えるかや、公的年金の未来像を見据えた「ワークデザイン」を考えつつ、「増やす」視点だけでなく、円安やインフレのリスクに備える視点からの資産形成・投資も必要です。

⑩資産形成を生活スタイルに定着させるためのプロセスと障害（山）

資産形成において貯蓄から投資への流れをつくる際に、4つの山があります。「気づく山」を越えるには、自分ごと化や、老後不安の高まり、インフレ等の社会変化、投資の意義の認識などがきっかけとなります。「納得・準備の山」を越えるには、手続きの面倒さや情報量の多さを克服し、「決める」ことが重要となります。「実行の山」は、失敗したくない気持ちが強い人が越えられない山なので、貯まったポイントや、iDeCo、ふるさと納税の節税分などではじめるのも効果的です。「継続の山」は、消費をコントロールできない人や、長期・積立・分散投資が継続できない人で課題となるので、自動的に長期・積立・分散投資を行ってくれる仕組みを活用するのが得策です。

⑪2024年スタートの新NISA　iDeCoと共に理解する

資産所得倍増プランでは、「貯蓄から投資へ」の流れをつくるべく意識改革を進めています。NISAも「ずっと非課税の投資」になりました。新しいNISAの年代別のポイントは、「20〜30代：iDeCoの掛金を可能なかぎり大きくしてNISAを調整。『お金に鍵をかけた』資産形成を重視し、つみたてと投資を組み合わせてお金を貯める習慣を」「40〜50代：支出が決まっているお金を確保したうえでできるだけiDeCo利用、iDeCoの上限を超えた部分をNISA活用」「セカンドライフ世代：長期の高配当や株主優待も視野に、成長

投資枠での長期株式投資も」です。NISAとiDeCoの違いは「税制優遇の違いと解約の自由度」「投資が必須かどうか」です。

⑫DXが資産形成・投資に与えた光と影

日本では、投資は資金と専門知識のある人が行うものとの認識をもつ人が多く、「貯蓄から投資へ」の動きが進みませんでした。しかし、投資をしやすい環境整備や知識の浸透なども手伝い、若者を中心に意識は変化しています。オンライン金融サービスが拡充し、手軽にスマホで金融にかかわれるようになったことは、デジタル世代にとっての投資ハードルを下げました。一方で、これらに伴う金融トラブルも課題で、幅広い金融リテラシーが必要です。自分のお金が経済や社会とどうつながっているのかに思いをはせ、「手元の資金と社会」双方の活性化を目指す意識醸成とリテラシー向上が重要です。

⑬「ソーシャル・グッド」にお金を回してウェルビーイングを体感

お金を「どう使うか」という側面のライフデザインもあります。「エシカル消費（倫理的消費）」は、社会の持続性を高め、間接的に自分にも良い効果をもたらすものであると共に、「つながり」を体感できます。また、寄付や募金活動でも「つながり」は体感されます。つながり体感をしながら、社会の持続性を考えてお金を回す（消費）ことを意識するスタイルは、今後の投資のあり方としても支持されていくと思われます（つながり投資）。「豊かさを感じることを行い、幸せを体感する」貯蓄・投資・消費の構造が、これからのファイナンシャル・ウェルビーイングにおいて重要な視点となります。

第4章　働き方
⑭一人ひとりが満足できる働き方を選択できる時代に

人生のなかで長い期間働く時代では、「働く」観点からのライフデザインも重要です。分析によると、「働きやすさ」と「仕事への満足」を両立させている人より、「働きがい」と「仕事への満足」を両立させている人のほうが、幸福度が高いことがわかっています。ある程度のストレスや負荷があっても、それを「成長機会」と捉えて働きがいにつなげられる人は、幸せを体感しやすいようです。働きがいは、「ジョブ・クラフティング」という方法で高

めることができます。働く場所や仕事の内容を選ぶだけでなく、自らより良い「働く場」を作るアクションが、長く幸せに働くうえでのポイントといえそうです。

⑮職場のウェルビーイング

職場において重要とされる「エンゲージメント」とは、個人と仕事の結び付きを意味します。エンゲージメントが高いと、離職率低下や生産性向上につながることから、人材確保の面からも「エンゲージメントが高い＝良い企業」を多くの企業が目指しています。従業員のエンゲージメント向上の取組みとしては、「社内公募制度（求人型）、社内FA制度（求職型）」や、相対的なランク付けをしない「ノーレイティング評価」、従業員同士が感謝や賞賛のメッセージを送り合う「ピアボーナス制度」などがあります。これらは企業にも個人のウェルビーイングにもメリットがある取組みといえます。

⑯企業の「ありたい姿」を実現するリスキリング

社会の変化に対応するために、働く人が新しいスキルや知識を身につけて、新しい仕事や業務に就く「リスキリング」は、大学などの教育機関が実施する「リカレント教育」とは異なり、国や企業が主導するのが特徴です。費用や人材の確保が必要なことから、現在は中小企業より大企業で進んでいますが、オンラインで安価にできる学習ツールも近年増えており、さらなる拡大が見込まれています。リスキリングは、「企業の価値向上」「人材獲得」「コストパフォーマンスの向上」といったメリットがあるといえます。

⑰地域・社会で協働する「連携型リスキリング」とは

「連携型リスキリング」とは、個人、企業、政府が単独で行う従来のリスキリングに対して、企業や国、自治体が協働して行うリスキリングを指します。DXやGXといった社会全体で起きている変化に対応し、個社や業界単位でのリスキリングでは対応しきれないケースが多くあります。連携型で行うことにより、こうしたグローバルな変化にも対応できることから、連携型リスキリングは地域主導でも進んでいるほか、海外でも力を入れている国が増えています。

第5章　交友関係、社会とのつながり

⑱改めて「つながる」意味を考える

つながりは、健康との親和性が高く、ウェルビーイングとも深いかかわりがあることがわかっています。家族や職場、学校のようにごく身近なつながりに加えて、友人・知人、そして地域とのかかわりといった「多層的」なつながりをもつことで、楽しさの共有ができるだけでなく、サポートを得られるなどのリスクに備える意味でも大切です。中高年から高齢期になると、退職や心身の衰えなどから社会とのつながりが物理的に縮小しがちですので、将来を見据えたつながりづくりを含めたライフデザインを考えておくことが求められます。

⑲一人暮らしの「つながり」

今日、日本では一人暮らしが増加傾向にあります。一人暮らしだと、日常生活で他者と直接かかわる機会が少なくなりがちです。オンライン上で交流したり、心配ごとや悩みごとを共有したりする「情緒的」なつながりを確保できても、日常のちょっとしたことを直接助けてもらうような「手段的」なサポートはなかなか得られないのが実情です。特に男性は女性ほど多彩なつながりをもっていないケースが多いので、孤立のリスクは高いといえます。つながりを楽しみ、助けたり、助けられたりする関係をもつことをライフデザインに組み入れることで、孤立によるリスクを回避できるといえるでしょう。

第6章　コミュニティ、地域

⑳「地域とのつながり」をいかにつくるか

つながりには、人と人とのつながりだけでなく、たとえば、地域のようなコミュニティへの所属や帰属意識という形もあります。地域への愛着は、その場所への関心や関与を生み出し、ウェルビーイングにもかかわりがあるとされます。重要なのは自分のいる地域を「居場所」として捉えられるかどうかという「主観」がキーとなります。地域を自分の居場所として認め、つながりを体感し、ウェルビーイングを高めるには、本人の積極的な参画意識に

加え、地域の側が多様な参加の機会を用意して門戸を広げることが必要といえるでしょう。

㉑一人ひとりのウェルビーイングを高める、私とまちの関係づくり

ウェルビーイングの向上をパーパスに据えた地域の取組みが増えています。地域が抱える問題に対して、地域の様々な人々が自ら「主体」となって、開かれた場や舞台をつくり、交流を促すつながり創出の事例として、福井市の「ふくまち大学」、奈良県生駒市の「いこまち宣伝部」、同市の「チロル堂」を紹介しています。主導者のいかんにかかわらず、まずは生活者自身が、自分の住む地域の良さを見つける、行動する、人とつながるアプローチを図ることが重要で、社会から孤立することなく、自分にとって居心地の良い人や場所への多層的なつながりをつくることを目指すことが求められます。

2 本書に通底するメッセージ

ここまで、3つの人生資産である「健康」「お金」「つながり」について、データや事例を紹介しながら、ウェルビーイングなライフデザインに関するヒントを探ってきました。本書に通底し、強調したいポイントは以下の5点に集約されます。

①新しいことを学び、古い情報を書き換える「リテラシー向上」

古いままもち続けている情報を更新し、新しいものに書きかえながら、これから必要とされる情報や知識について前向きに習得していくことです。

たとえば、現在の自分の健康状態を把握しつつ、健康そのものへの捉え方を見直し、今後必要な情報を把握することで、現在の行動変容が促され、将来の安心感が得られます。また、金融リテラシーを高めることで、お金と向き合い、自分なりの貯め方・増やし方・使い方を模索して、「投資」という選択肢を暮らしに取り入れることで、現在の満足度を高めながら将来に備え

られるようになるでしょう。さらに、つながりについても、多様なつながりやつながる手段に気づくことで、新しい自分を発見し、成長の機会を得ることができます。学びは私たちの可能性を大きく広げ、自分と社会の持続性を高めます。

②「行動してみよう」と思う主体性とチャレンジ精神

　私たちは、学んだり、そこから気づきを得たとしても、いざ行動しようとすると腰が重くなることがあります。しかし、「やってみよう」「変わろう」というチャレンジ精神で何かをはじめること自体が、私たちのウェルビーイングを高めます。今やってみることで、知らず知らずのうちに、未来の可能性を広げ、リスクを軽減することにつながるかもしれません。

　健康に関する行動は、とりあえず今この場でできること（ストレッチをする、深呼吸をするなどでもよいのです）があるでしょう。お金についても、貯蓄や投資は「面倒くさい」「難しい」など、「山」を越えることがまずは最初のステップとなるでしょう。つながりについても、地域にどのような仕組みがあり、どのようにかかわれるか、インターネットはどう活用できるかなど、今からできることはたくさんあるはずです。「いつかやろう」とタイミングを計っているうちに、「結局やらなかった」ということにもなりかねません。まずやってみる、それにより学び、またやってみる、そうした学びと行動を繰り返しながら、チャレンジしている自分を誇り、楽しむことが重要なのです。

③「役に立つ」嬉しさとつながりの体感

　私たちは、人や社会の役に立つことでも嬉しさを感じます。誰かの健康を支えたり、困っている人の手助けをするといった日常的な行動もそうですが、間接的に人や社会の役に立つ行動でも幸せを体感することができます。それは、社会のつながりを形成し、その持続性を高めます。支援消費・応援消費などの「エシカル消費」により、自分に必要なモノやサービスを購入しながら、社会や環境に良いことをする「つながり消費」、社会に役立つことや良いことをしている事業者に投資することで、その活動を後押ししつつ自分の金融資産を増やす「つながり投資」などは、間接的に社会を支える典型

的な例かもしれません。

　私たちが様々な形で体感できる「役に立つ」という行動は、個人には幸せ体感を、社会には持続性向上を期待できるという、WIN-WINな構造になっているのです。

④「力を借りる」というつながりの使い方

　一方、「人に助けを求める」ことが得意ではない人が大勢います。人の力を借りることは、人に力を貸すことよりも難しいかもしれません。適切なタイミングで、適切なところに「助けてください」ということは、簡単ではないのです。誰に、どのタイミングで、どう頼めばよいのか。切羽詰まっていればいるほど、その答えは出しにくいといえます。

　人生100年時代は、家族だけに頼ることが難しい時代です。健康面、特に介護において「老老介護」といわれるように、高齢者が高齢者の面倒をみるケースが少なくありません。今後、これまで以上に「サービスを買う」という選択肢を視野に入れていく必要があります。他人が家に入ることを好まない人も多いものの、今後は様々なところから広く薄く力を借り、負担がどこかに集中しないような、「たくさんの支柱で支える構造」を意識していくことが重要です。その「支柱」は、友人や地域の人々のほか、地元の団体や事業者など多様です。場合によっては、力を借りつつ、別の局面では力を貸す側になるなど、自らも相手の「支柱」になることもあるかもしれません。「力を借りる」ことも、今後もつべきスキルの1つです。そして、そのスキルを向上させるためには、「役に立てた」嬉しさと幸せの体感が、必ず役に立つでしょう。

⑤「自分がどう思うか」を意識した、嬉しさ楽しさの体感

　ウェルビーイングを考える際に、「健康」「お金」「つながり」のいずれにおいても重要なのは、「自分がどう感じるか」です。本書では、自分にとっての健康という主観的健康感について述べました。また、お金についても、絶対額ではなく、「ゆとり感」という主観が大事であるという点を述べました。つながりについても、その量や質において「良いつながり」という基準は存在せず、自分にとっての居心地の良さや意義が大切である点を強調して

います。

　自分が幸せかどうかは、社会や他人の基準で決まるものではありません。ましてや、「他人から自分が幸せに見えているか」には意味がありません。あくまで自分が自分に満足しているかどうか、満たされているかどうかが重要であり、そのための心の持ちようとたたずまい（ビーイング）を正すことこそが、ウェルビーイングの根底にあるといえます。

3　ウェルビーイングをパーパスとするライフデザインを

　今、社会がウェルビーイング視点で動き出しているのは、私たち一人ひとりのウェルビーイング体感そのものが、社会のエネルギーになることがわかってきたからです。なおかつ、物理的な資源とは違い、個人の主観的な健康や幸福は無限の資源であり、大きな可能性を秘めています。

　少子高齢化や独居化の課題、平均寿命と健康寿命のギャップ、経済の活性化と老後資金の課題といったものについて、従来は、こうした課題を解決することが人々のウェルビーイングの向上につながると考えられてきました。ただ残念ながら、長年これらの課題解決のために打ち出された施策の多くは、期待されたほどの結果を出せていません。だとすれば、私たちはまずは一人ひとりのウェルビーイングをどう向上させるかを考えることを通じて、社会課題に向き合う視点や発想をもつことも有効なのではないでしょうか。

　私たち一人ひとりが、ウェルビーイングを意識した生き方・暮らし方をイメージし、それをパーパス（目的・意義）とするライフデザインを行い、日々幸せを体感すること、そして、自らライフデザインした未来の実現に向けてチャレンジすること。それが、本当の意味での豊かな社会、ウェルビーイングな社会の実現にもつながっていくことを期待しています。

（宮木由貴子）

〈どうありたいか＝to be〉
一人ひとりが自分のウェルビーイングを考えたライフデザインを行う
「ライフデザインを行うこと」と「幸せの度合い」には相関がある

マインドセット

① 新しいことを学び、古い情報を書き換えることで各種の<u>リテラシー</u>を向上
② 「行動してみよう」と思う<u>主体性</u>と<u>チャレンジ精神</u>をもつ
③ <u>「役に立つ」</u>うれしさとつながりの体感で、自分にも他人にもメリット
④ <u>「力を借りる」</u>というつながりの使い方
⑤ 「自分がどう思うか」を意識した、<u>自分基準</u>でのうれしさ・楽しさの体感
　（主観的幸福感）

〈何をするか＝to do〉自ら行動を選び、主体的に行動する

本書の
キーワード
＋
データ・事例

健康
であることを感じる行動をする

★生きがい・つながりで主観的健康感向上
★ヘルスリテラシーを高める
★自助・共助・公助で病気・障害に対応
★地域・職場の健康づくりへの参加
★健康づくりを自分に合わせてデザイン

経済的（お金）
に豊かさを感じる行動をする

★ファイナンシャル・ウェルビーイング
★今どきの金融教育とマネープラン
★貯蓄から投資へのシフト
★つながり消費、つながり投資
★キャリアとジョブ・クラフティング
★職場のエンゲージメント
★リスキリング、リカレント教育

生きる寿命

健康　お金
つながり

つながり
に価値を感じる行動をする

★多層的なつながりで楽しさを共有
★サポート、リスクに備える
★一人暮らしの孤立リスクを回避
★助け合いをライフデザインに組み込む
★「居場所」としての地域コミュニティ
★各地域の新しい取組み

幸せな
暮らし

"幸せの体感"（幸せを感じる時間・機会）＝　主観的幸福感

幸せな
人生

個人のウェルビーイングの実現

第一生命経済研究所は、1995年から定期的に大規模な全国アンケート調査を実施し、幸せ（生活満足度）とライフデザインについて30年近くフォローしてきた実績にもとづき、一人ひとりのウェルビーイングの向上に資する情報を『ライフデザイン白書』という形で出版してきました。

2020年版の『人生100年時代の「幸せ戦略」』では、これからの人生において生活者がどのような意識をもつことが重要かを論じ、「幸せ戦略」として一人ひとりが意識的に幸せを体感するライフデザインの重要性を述べました。続く2022年版の『「幸せ」視点のライフデザイン』では、コロナ禍において、これまで想定してこなかった様々な制約・制限のなか、改めて「幸せ」視点で日常をどう捉えるかを考え、テクノロジーなどをうまく取り入れながら、ポジティブに生きる暮らし方のヒントを論じました。本書は、こうした変化を受けて、生活者個人や自治体・企業の先進的な事例を収集し、より実践的でリアリティのある情報を盛り込む形で、ウェルビーイングな暮らしに向けた提案を行っています。

昭和の「ライフデザイン1.0時代」は、皆が同じようなライフデザインを行っていました。父親は1つの会社で定年を迎え、母親は専業主婦、子どもが2人くらい、女性は20代で結婚・出産するような、多くの人が同じライフコースを辿った時代です。続く平成の「ライフデザイン2.0時代」は、女性の高学歴化と社会進出に伴い、結婚や出産の選択が個人の判断にゆだねられるようになるなど、ライフコースが多様化し、自由度が高まった時代です。長引く経済の低迷、大きな災害も続き、不安感の高さとライフデザインへの意識はあっても、備え方がわからない人が多かった時代でもあります。これに対し、令和の「ライフデザイン3.0時代」は、将来のリスクのみを想定して備える姿勢ではなく、「それぞれがありたい未来をデザインし、行動・挑戦を繰り返し、その過程を楽しもうとする」時代であると考えます。

健康でいることも、お金を貯めることも、それが「目的」ではありません。つながりについても、「つくらなければならないもの」ではなく、これらはすべて「手段」にすぎません。健康でなければならない、お金を貯めなければ

ならない、つながりをつくらなければならない……。「しなければならない」という意識で行動するのは苦痛です。「自分の健康な部分をどう活用して楽しみ、役立てるのか」「健康でない部分は、どうカバーするのか」、「より満足度を高めるお金の使い方とはどのようなものか」「社会と自分のメリットを両立する使い方・貯め方は何か」「時に面倒なつながりの創出と維持は、助けを求めるスキルを養う場として捉えられないか」「つながることで健康になるなら、健康活動の一環として捉えてもよいのではないか」など、本書によって、読者の皆様が「健康」「お金」「つながり」について新たな思いをめぐらせるきっかけをもたらすことができたら、これほど嬉しいことはありません。

今、世界では様々な変化が急速に起きています。しかし、世界は単につらく厳しい方向だけに向かっているのではありません。健康でいられる時間・生きられる時間は以前よりずっと延びました。働き方の柔軟性は高まり、テクノロジーはさらにその後押しをすることが、コロナ禍で証明されました。投資や貯蓄のバリエーションも増え、インターネットでも手続きできるなど、ハードルも下がっています。つながりについても、テクノロジーの進化がこれまでにない人との接点を創出しただけでなく、従来はできなかったつながりの維持や再生ももたらしました。

主体的なライフデザインはこれからの生き方・暮らし方に欠かせないもので、それにより一人ひとりのウェルビーイングを高めることができるというのが本書に込めたメッセージです。

変化の速い現代社会において、生活者一人ひとりが置かれた状況を的確に把握し、幸せを体感できるライフデザインを描くことは容易ではありません。それでも、ライフデザインによってウェルビーイングを向上させる人が増え、その総和を高めていく社会を目指し、実現していく――。本書がその一助となることを願ってやみません。

株式会社 第一生命経済研究所　取締役ライフデザイン研究部長

宮木 由貴子

「ライフデザインに関する調査」の概要

　当研究所では、人々の生活実態と意識の現状や変化を把握するため、1995～2023年の間に計12回、「ライフデザインに関する調査」を行ってきました。第7回調査までは、全国の18～69歳の男女を対象に留置記入依頼法で実施しました。2015年の第8回調査からは、調査環境の変化等を踏まえて、調査方法をインターネット調査に変更しています。

　本書では、おもに「第12回ライフデザインに関する調査」の調査結果を紹介しています。

第1～7回調査の概要

調査	調査時期	標本数	有効回答数	書籍名
第1回調査	1995年1月19日～2月7日	3,000	2,352	ライフデザイン白書1996-97
第2回調査	1997年1月10日～1月27日	3,000	2,372	ライフデザイン白書1998-99
第3回調査	1999年1月22日～2月8日	3,000	2,210	ライフデザイン白書2000-01
第4回調査	2001年1月19日～2月5日	3,000	2,254	ライフデザイン白書2002-03
第5回調査	2003年1月22日～2月10日	2,000	1,472	ライフデザイン白書2004-05
第6回調査	2005年1月12日～1月27日	3,000	2,128	ライフデザイン白書2006-07
第7回調査	2010年1月9日～1月31日	3,000	1,986	ライフデザイン白書2011年

第8～12回調査の概要

調査	調査時期	有効回答数	書籍名
第8回調査	2015年1月29日～1月30日	7,256	ライフデザイン白書2015年
第9回調査	2017年1月27日～1月29日	17,462	「人生100年時代」のライフデザイン
第10回調査	2019年1月31日～2月 6日	19,630	人生100年時代の「幸せ戦略」
第11回調査	2021年1月29日～2月3日	19,668	「幸せ」視点のライフデザイン
第12回調査	2023年3月 3日～3月5日	10,000	ウェルビーイングを実現するライフデザイン(本書)

第12回調査の詳細

調査対象	全国の18～69歳の男女個人（調査委託先の登録モニター）
抽出方法	性年代均等　※分析にあたっては、国勢調査に準じて性別・年代別でウェイトバック集計した
調査方法	インターネット調査
調査機関	株式会社クロス・マーケティング

著者・執筆者紹介

〈著者〉
株式会社 第一生命経済研究所
第一生命経済研究所は、第一生命グループの総合シンクタンク。経済分野にとどまらず、金融・財政、保険・年金・社会保障から、家族・就労・消費などライフデザインに関することまで、様々な分野を研究領域としている。生活研究部門の前身は 1988 年に第一生命が設立したライフデザイン研究所であり、2002 年に第一生命経済研究所と合併し現在の組織となった。独自のアンケート調査やフィールド調査にもとづくレポートの発信、講演事業の展開などを通じ、広く世の中に情報提供・提言を行っている。
ホームページ：https://www.dlri.co.jp/

〈執筆者〉
宮木 由貴子（みやき ゆきこ）　　　　〈全体統括　6節・13節・終章 担当〉
取締役ライフデザイン研究部長 主席研究員
専門分野：ウェルビーイング、消費者意識、コミュニケーション、モビリティ

村上 隆晃（むらかみ たかあき）　　　　〈序章・7節・13節・同コラム 担当〉
総合調査部 マクロ環境調査グループ 研究理事
専門分野：CX・マーケティング、ウェルビーイング

丹下 博史（たんげ ひろし）　　　　〈1節・2節・5節 担当〉
元 QOL・well-being タスクフォース長
（現 一般社団法人生命保険協会 国際部長）
専門分野：医療経済、健康意識、ウェルビーイング

稲垣 円（いながき みつ）　　　　〈3節・18節・19節・20節・事例1・21節 担当〉
ライフデザイン研究部 客員研究員
専門分野：コミュニティ、住民自治、ソーシャルキャピタル、地域医療

後藤 博（ごとう ひろし）　　　　〈4節 担当〉
ライフデザイン研究部 主任研究員
専門分野：社会福祉、保健・介護福祉

鄭 美沙（てい みさ）　　　　〈8節・12節 担当〉
総合調査部 政策調査グループ 課長補佐
専門分野：教育、ダイバーシティ、金融リテラシー

村井 幸博（むらい ゆきひろ）　　　　〈9節・10節・11節 担当〉
人財開発コンサルティング事業部 チーフコンサルタント
専門分野：資産運用、金融リテラシー

的場 康子（まとば やすこ）　　　　〈14節 担当〉
ライフデザイン研究部 主席研究員
専門分野：子育て支援策、労働政策

髙宮 咲妃（たかみや さき）　　　　〈15節 担当〉
総合調査部 マクロ環境調査グループ 研究員
専門分野：QOL・ハピネス戦略

白石 香織（しらいし かおり）　　　　〈16節・17節 担当〉
総合調査部 マクロ環境調査グループ 主任研究員
専門分野：労働政策、国際政策

福澤 涼子（ふくざわ りょうこ）　　　　〈事例2・事例3 担当〉
ライフデザイン研究部 研究員
専門分野：育児、家族、住まい（特にシェアハウス）、ワーキングマザーの雇用

〈編集・制作〉
斎藤 勝彦（さいとう かつひこ）
ライフデザイン研究部 研究理事

荒銭 恵子（あらぜに けいこ）
ライフデザイン研究部 研究理事

井川 澄子（いかわ すみこ）
ライフデザイン研究部 事務・広報担当

柏木 結伊（かしわぎ ゆい）
慶應義塾大学総合政策学部4年

ウェルビーイングを実現するライフデザイン
データ+事例が導く最強の幸せ戦略
2023 年 11 月 7 日発行

著　者——第一生命経済研究所
発行者——田北浩章
発行所——東洋経済新報社
　　　　　〒103-8345　東京都中央区日本橋本石町 1-2-1
　　　　　電話＝東洋経済コールセンター　03(6386)1040
　　　　　https://toyokeizai.net/

装　丁…………濱田千鶴子
ＤＴＰ…………アイランドコレクション
印　刷…………港北メディアサービス
製　本…………大口製本印刷
©2023　DAI-ICHI LIFE RESEARCH INSTITUTE INC.　Printed in Japan　ISBN 978-4-492-96226-8